Movimentos sociais urbanos

FUNDAÇÃO EDITORA DA UNESP

Presidente do Conselho Curador
Mário Sérgio Vasconcelos

Diretor-Presidente
José Castilho Marques Neto

Editor-Executivo
Jézio Hernani Bomfim Gutierre

Assessor Editorial
João Luís Ceccantini

Conselho Editorial Acadêmico
Alberto Tsuyoshi Ikeda
Áureo Busetto
Célia Aparecida Ferreira Tolentino
Eda Maria Góes
Elisabete Maniglia
Elisabeth Criscuolo Urbinati
Ildeberto Muniz de Almeida
Maria de Lourdes Ortiz Gandini Baldan
Nilson Ghirardello
Vicente Pleitez

Editores-Assistentes
Anderson Nobara
Fabiana Mioto
Jorge Pereira Filho

COORDENAÇÃO DA COLEÇÃO PARADIDÁTICOS

João Luís Ceccantini
Raquel Lazzari Leite Barbosa
Ernesta Zamboni
Raul Borges Guimarães
Marco Aurélio Nogueira (Série Poder)

REGINA BEGA DOS SANTOS

Movimentos sociais urbanos

COLEÇÃO PARADIDÁTICOS
SÉRIE PODER

© 2004 Editora UNESP

Direitos de publicação reservados à:
Fundação Editora da UNESP (FEU)
Praça da Sé, 108
01001-900 – São Paulo – SP
Tel.: (0xx11) 3242-7171
Fax: (0xx11) 3242-7172
www.editoraunesp.com.br
www.livrariaunesp.com.br
feu@editora.unesp.br

CIP-Brasil. Catalogação na fonte
Sindicato Nacional dos Editores de Livros, RJ

S238m

Santos, Regina Bega dos
  Movimentos sociais urbanos/Regina Bega dos Santos. – São Paulo: Editora UNESP, 2008. (Paradidáticos. Série Poder)

  Inclui bibliografia
  ISBN 978-85-7139-850-4

  1. Movimentos sociais. 2. Comunidade urbana – Desenvolvimento. 3. Participação social. I. Título. II. Série.

08-3092.
CDD: 303.484
CDU: 316.42

EDITORA AFILIADA:

A COLEÇÃO PARADIDÁTICOS UNESP

A Coleção Paradidáticos foi delineada pela Editora UNESP com o objetivo de tornar acessíveis a um amplo público obras sobre *ciência* e *cultura*, produzidas por destacados pesquisadores do meio acadêmico brasileiro.

Os autores da Coleção aceitaram o desafio de tratar de conceitos e questões de grande complexidade presentes no debate científico e cultural de nosso tempo, valendo-se de abordagens rigorosas dos temas focalizados e, ao mesmo tempo, sempre buscando uma linguagem objetiva e despretensiosa.

Na parte final de cada volume, o leitor tem à sua disposição um *Glossário*, um conjunto de *Sugestões de leitura* e algumas *Questões para reflexão e debate*.

O *Glossário* não ambiciona a exaustividade nem pretende substituir o caminho pessoal que todo leitor arguto e criativo percorre, ao dirigir-se a dicionários, enciclopédias, *sites* da internet e tantas outras fontes, no intuito de expandir os sentidos da leitura que se propõe. O tópico, na realidade, procura explicitar com maior detalhe aqueles conceitos, acepções e dados contextuais valorizados pelos próprios autores de cada obra.

As *Sugestões de leitura* apresentam-se como um complemento das notas bibliográficas disseminadas ao longo do texto, correspondendo a um convite, por parte dos autores, para que o leitor aprofunde cada vez mais seus conhecimentos sobre os temas tratados, segundo uma perspectiva seletiva do que há de mais relevante sobre um dado assunto.

As *Questões para reflexão e debate* pretendem provocar intelectualmente o leitor e auxiliá-lo no processo de avaliação da leitura realizada, na sistematização das informações absorvidas e na ampliação de seus horizontes. Isso, tanto para o contexto de leitura individual quanto para as situações de socialização da leitura, como aquelas realizadas no ambiente escolar.

A Coleção pretende, assim, criar condições propícias para a iniciação dos leitores em temas científicos e culturais significativos e para que tenham acesso irrestrito a conhecimentos socialmente relevantes e pertinentes, capazes de motivar as novas gerações para a pesquisa.

SUMÁRIO

CAPÍTULO 1
Introdução: o que são os movimentos sociais 9

CAPÍTULO 2
Como analisar os movimentos sociais urbanos 19

CAPÍTULO 3
O Estado, a urbanização capitalista
e os movimentos sociais 43

CAPÍTULO 4
Sociedade civil e cidadania 66

CAPÍTULO 5
Os movimentos urbanos no Brasil 86

CAPÍTULO 6
O movimento por moradia 119

CAPÍTULO 7
Impasses contemporâneos e as possibilidades de
construção de uma nova cidadania 143

GLOSSÁRIO 166
SUGESTÕES DE LEITURA 171
QUESTÕES PARA REFLEXÃO E DEBATE 174

1 Introdução: o que são os movimentos sociais

Os movimentos sociais

> Definição genérica de movimentos sociais, de Dalton e Kuechler, apresentada por Boaventura Santos:
> "um setor significativo da população que desenvolve e define interesses incompatíveis com a ordem social e política existente e que os persegue por vias não institucionalizadas".
> Ou ainda, de acordo com Thompson, trata-se de força social coletiva organizada.[1]

Quando pensamos em movimentos sociais logo lembramos os movimentos dos sem-terra, que no Brasil são os mais conhecidos, não só por sua grande capacidade de organização popular e mobilização, mas por suas ações que causam impactos sociais e políticos e, por isso mesmo, têm muita visibilidade, com ampla cobertura pelos meios de comunicação.

Mas, principalmente a partir no fim da década de 1970 e na de 1980, outros movimentos também ocuparam muito espaço nos meios de comunicação. Trata-se dos movimentos urbanos ligados às Comunidades Eclesiais de Base,

---

[1] SANTOS, B. de S. *Pela Mão de Alice*: o social e o político na pós-modernidade. São Paulo: Cortez, 1999, p.257. THOMPSON, E. P. *Tradición, revuelta y consciência de clase*. Barcelona: Grijalbo, 1979.

da Igreja Católica; o próprio movimento sindical com as greves do ABC paulista; o movimento por moradia com as ocupações de terra urbana. Gradativamente outros movimentos, como o feminista, o ecológico, contra a discriminação (étnicos, homossexuais) etc. começaram também a se destacar nas cidades, lugar privilegiado para a deflagração de movimentos desse tipo.

A definição genérica aqui destacada serve tanto para os movimentos sociais rurais quanto para os urbanos. Neste livro trataremos dos movimentos sociais urbanos, que também, potencialmente, se colocam contra uma determinada situação de vida e, com base em sua organização, procuram mudar esse estado de coisa (*status quo*), podendo usar ou não a força física ou a *coerção*. Voltaremos muitas vezes a essa questão, mas já podemos adiantar que na tradição brasileira raramente os movimentos urbanos usam a força física. Já a coerção política relaciona-se com a capacidade de pressão de cada movimento específico – podendo, portanto, ser maior ou menor, no sentido de *coagir* o poder público para o cumprimento das reivindicações deste ou daquele movimento.

No âmbito de América Latina podemos destacar também importantes movimentos, alguns deles políticos, como o sandinismo na Nicarágua, que envolveu as diferentes classes sociais e diversas correntes ideológicas; ou as lutas populares no Peru; os comitês de defesa dos Direitos Humanos e as Associações de Familiares de Presos Políticos e Desaparecidos, sobretudo na Argentina; as experiências de "greves cívicas nacionais", com a participação de sindicatos, partidos políticos e organizações populares, na Colômbia, no Peru, no Equador e mesmo no Brasil, como veremos a seguir.

Quando nos referimos a *movimentos* urbanos é necessário lembrar que eles são comumente designados como *populares*. Não que sejam unicamente populares, mas essa é a referência fundamental que caracteriza a maioria dos movimentos reivindicatórios urbanos. É importante frisar, como o faz Gohn, em *Movimentos sociais e luta pela moradia*, que a organização popular tem também um conteúdo político, qualitativamente distinto daquele dos movimentos reivindicatórios das camadas mais abastadas, as quais se mobilizam por melhorias relacionadas ao *status quo*.

Ainda em relação aos movimentos sociais urbanos de caráter eminentemente popular, também não se pode buscar uma unanimidade de atuação entre os diversos grupos existentes. Alguns grupos lutam contra o Estado e as instituições constituídas, entendendo que a resolução de seus problemas só se efetivará em uma sociedade mais igualitária, inserindo, portanto, o movimento no bojo da luta revolucionária que aspira à transformação do sistema político.

Outros grupos participam de movimentos que são meramente *reivindicatórios*. Estes em geral dissolvem-se depois que suas reivindicações foram atendidas.

Os movimentos sociais urbanos são também diferentes de outros movimentos sociais, relacionados aos direitos mais universais. Os movimentos sociais urbanos são assim denominados porque atuam sobre uma problemática urbana relacionada com o uso do solo, com a apropriação e a distribuição da terra urbana e dos equipamentos coletivos. Portanto, os movimentos por moradia, pela implantação ou pela melhoria dos serviços públicos, como transporte público de qualidade, são exemplos de movimentos reivindicatórios urbanos relacionados ao direito à cidade e ao exercício da cidadania.

Alguns movimentos que ocorrem nas cidades não são básica ou unicamente populares nem tão pouco só urbanos. Ficaram conhecidos como *novos movimentos* sociais. Identificam novas formas de opressão, relacionadas à cidadania e aos direitos universais. Referem-se desde às reivindicações mais gerais até as mais específicas: movimentos por direitos civis e universais, ambientalistas, por direitos de grupos etários (de jovens, ou de idosos) ou de gênero (movimento feminista), étnicos, religiosos, sexuais, pela paz etc. São reivindicações distintas daquelas resultantes das relações de produção capitalista.

Mas podemos distinguir *"novos" movimentos* de *"velhos" movimentos*? Voltaremos também a essa questão.

> A denominação novos *movimentos sociais* acompanha a terminologia europeia para designar aqueles movimentos que após os anos 70, surgiram na Europa com a crise do *Estado do bem-estar social* e da própria sociedade industrial, empreendidos principalmente pela classe média e relacionados às questões de gênero (movimento feminista), ambientalistas, sexuais, dentre outros. (Santos, Boaventura Souza, 1999)
>
> No Brasil, como nos demais países da América Latina, os Movimentos Sociais adquiriram características *populares*, principalmente após os anos 1970, ainda no período de autoritarismo político. As reivindicações relacionavam-se principalmente à precariedade nas condições da vida da população mais pobre, como, por exemplo: moradia, saúde, educação, saneamento e transportes públicos.[2]

Estes movimentos populares podem ser caracterizados como urbanos, uma vez que, ao ocorrer nas cidades, colocam em xeque aspectos relacionados às formas de apropriação da cidade, lutam contra a concentração da terra urbana, ou pelo acesso à habitação ou aos equipamentos urbanos, também chamados de bens de consumo coletivo (redes elétrica, de água e de esgoto, telefonia, serviços de saúde, educação, transportes coletivos etc.). Assim, por exemplo,

---

2 DOIMO, A. M. *A vez e a voz do popular*: movimentos sociais e participação política no Brasil pós-70. Rio de Janeiro: Relume-Dumará: ANPOCS, 1995.

um movimento de mulheres, com bandeiras feministas, contra as relações patriarcais existentes no relacionamento conjugal, pode mobilizar-se por creches, para que as mulheres, que também são mães, consigam trabalhar em uma atividade remunerada, importante para a libertação do patriarcalismo imposto economicamente pelo marido.

A mobilização popular pode ocorrer contra a má qualidade dos serviços públicos, que afeta todos, porém, de forma mais cruel os mais pobres (a maioria da população) que moram nas periferias distantes, no mais das vezes, mas que também podem morar precariamente nas áreas centrais – em cortiços, ou em ocupações de prédios abandonados. Determinados setores da classe média (trabalhadores qualificados, pequenos empresários, profissionais liberais) podem, também, ser afetados pela precariedade dos serviços públicos, tendo de recorrer à rede privada e/ou conveniada.

Kowarick diz que o empobrecimento, a espoliação urbana ou a opressão política nada mais são do que matérias-primas para as reivindicações populares, que podem esgotar-se à medida que são ou não atendidas, esvaziando o movimento. Podem, por outro lado, transformar-se em lutas sociais propriamente ditas, dependendo de como o movimento se desenvolve e se relaciona com as demais forças ou grupos sociais envolvidos nesse processo. São as experiências vividas, as possibilidades de interação social, as possibilidades de compreender as questões específicas relativas às questões mais gerais que irão permitir a transformação de um simples movimento reivindicatório em um espaço de luta social.

Os movimentos urbanos podem ter um caráter *policlassista*, reunindo grupos diferentes quanto à situação econômica, ou podem reunir apenas indivíduos pertencentes às camadas mais pobres da população, como no caso do movimento por moradia.

Considerando as experiências dos movimentos sociais, principalmente das décadas de 1970 e 80, podemos afirmar que estes assumiram, em alguns casos, características reformistas e, em outros, *transformadoras*, relacionadas a problemas mais imediatos, específicos ou a problemas mais gerais.

Os projetos ditos *reformistas*, em geral, desenvolveram-se segundo os interesses das classes dominantes, por iniciativa do poder público e também coexistindo com certas parcelas do movimento popular. A participação, nesse caso, limita-se apenas a consultas, para o conhecimento das opiniões da população interessada. Procuram desfigurar os interesses populares, identificando-os, de forma linear, com os interesses de toda a sociedade, de tal forma que o conflito é diluído e as reivindicações específicas são transformadas em meros problemas burocráticos.

No desenrolar desses *movimentos reformistas* ou "cooptadas" pelo poder público as propostas e as alternativas populares são apropriadas por esse poder e transformadas em políticas estatais, de cunho demagógico ou populista. Algumas propostas, como a de mutirão, para os programas de moradia popular, podem almejar, apenas, à redução de custos na execução dos projetos. Ou, ainda, as reivindicações por direitos de cidadania são parcialmente atendidas, por padrões mínimos de consumo ou de serviços públicos, transformadas, assim, em cidadania de segunda categoria – a cidadania imperfeita, ou mutilada, conforme discutido por Milton Santos.

No projeto *transformador* os problemas estão relacionados à divisão social de trabalho e às injustiças sociais. As questões estruturais são retomadas, pois afinal o que se objetiva é a transformação da sociedade. Em geral, o ponto de partida do movimento é específico, mas os participantes vão adquirindo consciência de que as questões da desigualdade ou da injustiça social não serão eliminadas apenas com a resolução desses problemas específicos.

Na cidade de São Paulo, na década de 1970, muitos movimentos populares ligados à Igreja Católica seguiram este caminho.

> A partir de práticas de resistência, advindas da experiência cotidiana no trabalho e na moradia, *construíram-se os elementos da um projeto futuro*, que se propunha a ser libertador, negando as experiências clientelísticas do passado ... Os oprimidos, fracos, humilhados, subalternos e outros ... tomam o centro deste projeto e se propõem a conduzir seus destinos não mais guiados pela palavra da ordem do líder populista, do político de esquerda, monopolizador das verdades, ou da liderança peleguista, correia de transmissão dos desejos do governo autoritário então vigente.[3]

As reivindicações emergem no cenário urbano em virtude do processo de empobrecimento das camadas populares e das contradições produzidas pela urbanização capitalista. Alguns desses movimentos propõem novas formas de administração pública, com participação popular na gestão democrática dos serviços públicos, partindo da compreensão de que são equipamentos coletivos, públicos e não estatais ou governamentais. Os movimentos de saúde, na periferia de São Paulo, como no Rio de Janeiro, na década de 1980, foram os que mais avançaram nesse sentido, embora sem a dita ruptura com a ordem existente. Foram criados mecanismos para tornar efetiva a participação popular nos conselhos de saúde comunitários, em uma experiência não de todo bem-sucedida, mas que ainda pode ser aprofundada, a fim de alcançar maior democratização, como veremos no Capítulo 4.

A Constituição Federal de 1988 criou mecanismos que preveem a participação popular. Assim, as possibilidades para a *gestão popular,* ou seja, para o exercício do poder

---

[3] GOHN, M. da G. *Movimentos sociais e luta pela moradia*, São Paulo: Loyola, 1991, p.44.

popular mediante instituições representativas, deixou de ser uma bandeira de luta, para, aos poucos, ir se tornando realidade, com dificuldades é certo, pois os obstáculos políticos são muitos, além da necessidade de aprendizagem do exercício de práticas democráticas em um país em que foram raros os períodos de amplas liberdades para a participação política.

Os movimentos populares elaboram seus projetos na prática cotidiana, no desenrolar das lutas, pela moradia ou pela posse da terra, por serviços de saúde, por meios de transportes eficientes... Durante esse processo, os participantes dos movimentos descobrem seus direitos sociais, se conscientizam das causas da segregação socioespacial, identificam os espaços socialmente diferenciados. Assim, durante a luta é que vão se explicitando as diferentes formas da apropriação da cidade pelos diferentes grupos sociais.

Neste processo surgem os chamados *novos sujeitos históricos*, tema do Capítulo 2. A luta travada por eles é no plano do consumo, contra os efeitos gerados pela concentração da riqueza. A atuação é *coletiva*, com o surgimento de *novas forças sociais* do lado dos mais pobres e o fortalecimento dos partidos políticos mais identificados com os movimentos populares.

Porém, há limites impostos pela estrutura político-econômica da sociedade capitalista. Esses partidos políticos, ao chegarem ao poder, tendem a atuar da mesma forma que os partidos anteriores, procurando cooptar os movimentos e burocratizá-los, já que aquela estrutura não foi alterada. Isto é, o partido mais *afinado* com os interesses populares pode ganhar a eleição, mas, se não houver alteração do *bloco hegemônico* que define a forma da atuação política, as transformações não ocorrerão, ou, na melhor das hipóteses, não serão aprofundadas, no sentido esperado antes do processo eleitoral. Essa problemática será desenvolvida no Capítulo 3.

De qualquer forma, os movimentos populares urbanos podem contribuir para a conquista de espaços efetivos de participação popular no interior da *sociedade civil*. Podem, ainda, contribuir para a alteração da lógica da apropriação e uso do espaço urbano, pela alteração das leis de uso e ocupação do solo, ou para a conquista de tarifas diferenciadas pelos serviços públicos.

Gohn é de opinião que a atuação dos movimentos populares pode auxiliar na formação política das camadas populares, construindo uma contra-hegemonia popular ao gerar embriões de um poder que, mesmo não derrubando o capitalismo, pode alterar as decisões impostas pelo bloco hegemônico, e assim contribuir para a melhoria das condições de vida dos trabalhadores na cidade, com base em alternativas políticas para a superação das enormes desigualdades econômicas e sociais vigentes.

Tais pontos serão abordados em mais detalhes no Capítulo 4, mesmo porque há divergências entre os autores que merecem ser discutidas. Ana Maria Doimo, por exemplo, é uma estudiosa do tema que não acredita na possibilidade da transformação social por meio da reapropriação do Estado pela sociedade civil autonomamente constituída.

Ainda é importante lembrar que explicar o surgimento dos movimentos sociais apenas pela carência da oferta de serviços públicos ou de infraestrutura é insuficiente. A carência, por si só, explica muito pouco sobre a emergência dos movimentos sociais. Não se pode esquecer que a cidade é planejada e ordenada *pela e para* a classe dominante ou *pelos e para* os grupos hegemônicos e é por eles controlada. Os Capítulos 5 e 6 versarão sobre os movimentos específicos, que exemplificam as questões propostas nos demais.

As forças que ficam em uma espécie de localismo, no âmbito estreito de suas reivindicações, deixam de perceber os contrastes que segregam e dão sentido de luta às desigualdades que só podem ser enfrentadas coletivamente. A maioria dos moradores da cidade não consegue participar das decisões sobre seu cotidiano e pensar sobre os problemas que os afligem. Não é fácil compreender que não se trata de uma ordem natural e que é possível mudar a realidade aparentemente cristalizada. Através dos movimentos sociais há uma possibilidade para tal, mediante a troca de experiências, de vivências do cotidiano.

Finalmente no Capítulo 7, analisaremos como as contradições urbanas podem constituir-se na base material que alimenta os movimentos populares na perspectiva da luta pelo *direito à cidade*, que se efetivará quando a democracia *participativa* for substituída pela *representativa*, ou seja, pela *democracia renovada*, de que nos fala Henry Lefebvre.

2 Como analisar os movimentos sociais urbanos

Como analisar os movimentos sociais urbanos

Os Movimentos Sociais Urbanos podem ser analisados de diversas maneiras; sendo que cada uma delas confere diferentes significados às ações empreendidas por seus participantes. Utilizaremos aqui o quadro referencial apresentado por Maria da Glória Gohn, com algumas adaptações, por considerá-lo uma referência útil para aqueles que estão iniciando o estudo sobre esse tema.

A ABORDAGEM ESTRUTURAL

- O enfoque econômico-estrutural

O enfoque econômico-estrutural enfatiza *os aspectos estruturais da sociedade capitalista*. Os movimentos que seguem essa orientação atribuem ao capitalismo a origem dos problemas e procuram desenvolver estratégias e práticas de luta que modifiquem as estruturas dessa sociedade. Para isso, é necessário compreender o processo contraditório de desenvolvimento do capitalismo. Ou seja, a acumulação, a centralização e a concentração do capital ocorrem pela exploração da força de trabalho concentrada nas cidades, e para isso é preciso garantir as condições mínimas de sobrevivência que assegurem a reprodução dessa força de trabalho.

Por essas análises, os Movimentos Sociais Urbanos surgem em decorrência das carências relacionadas às necessidades dos trabalhadores, que precisam lutar por condições dignas de vida. Instituições como sindicatos, igrejas, partidos políticos, associações de bairros podem desempenhar papel fundamental na eclosão e no desenrolar dos movimentos, porém a causa que motivou a reunião daquele grupo de pessoas em torno de uma bandeira será sempre de origem estrutural, isto é, a remuneração insuficiente para o trabalhador, mas suficiente para garantir a acumulação do capital.

Além disso, a incapacidade do Estado capitalista de atender as demandas sociais relativas ao fornecimento de bens e equipamentos de consumo coletivo é ainda de caráter *estrutural*. Mas por que isso acontece? No Capítulo 3 teremos oportunidade de verificar esse processo em mais detalhes, mas já podemos adiantar que a acumulação de capital impõe limites para esse atendimento.

O planejamento urbano, pelo poder público, poderia ser um instrumento para implementar as propostas vindas dos movimentos sociais, entretanto estas entram em contradição com as necessidades estruturais do modo de produção, contrariando os interesses dos setores hegemônicos e, assim, não sendo implementadas. Por essa visão, os movimentos sociais de caráter reivindicatório se tornam impotentes para a luta contra os aspectos estruturais da sociedade capitalista, que deveriam ser enfrentados com lutas revolucionárias, tendo em vista a transformação radical da ordem vigente.

- O enfoque histórico-estrutural

Há ainda um grupo de pensadores adeptos da corrente histórico-estrutural como Lojkine, que possui uma visão mais política do problema. Enfatizam os processos políticos decorrentes da luta de classes, a qual não se restringe às contradições entre o capital e o trabalho, ou seja, entre os empresários capitalistas e os trabalhadores, mas abrange todo o modo de produção, sendo de grande importância as contradições que ocorrem no interior dos aparelhos de Estado. Os conflitos de classe manifestam-se dentro do Estado e não se restringem apenas às questões estruturais, sendo importante compreender o sistema de correlações de forças existentes entre a sociedade e as instituições vinculadas ao funcionamento da sociedade capitalista. A esfera política desempenha um papel fundamental nessa abordagem, ao contrário da anterior, que privilegia o econômico. O sucesso ou não dos movimentos sociais urbanos depende da *correlação política* entre as forças sociais existentes, isto é, da forma com que se dá o embate entre os partidos e os agrupamentos políticos existentes.

• O enfoque dos historiadores ingleses

Outra possibilidade da abordagem dos Movimentos Sociais Urbanos partindo ainda do enfoque estrutural, mas enfatizando a história da classe operária, é desenvolvida pelos historiadores ingleses como Hobsbawm e Thompsom. Na esfera da cultura política procuram recuperar as experiências coletivas dos trabalhadores. E entre estas os protestos, as manifestações, os movimentos empreendidos por *sujeitos historicamente em construção*. Esses movimentos podem, ainda, ser reformistas ou revolucionários, cada um deles com estratégias de lutas diferenciadas, segundo Hobsbawm.

Thompson, por sua vez, recupera questões clássicas como valores, cultura e teoria política. Para essa corrente são fundamentais as experiências do cotidiano, de acordo com o conceito de *práxis* de Lukács e incorporando, ainda, a contribuição de Gramsci a respeito de *campo de forças*. O importante é entender como as pessoas vivenciam as situações de carência e como se mobilizam para enfrentá-las.

Essas situações podem levar à revolta, produzindo momentos de ruptura da ordem na vida das pessoas e na sociedade.

Para Thompsom, as classes estão em constante formação através das lutas, das vivências, daí a importância da experiência. As condições materiais objetivas são cruciais, mas elas não têm um poder de determinação exclusivo e final.

Eder Sader é um dos autores que compartilham dessa corrente. Não enfatiza as *estruturas econômicas, sociais e políticas,* mas, sim, *as experiências populares.* Ele faz uma crítica às análises estruturalistas, que não valorizam o cotidiano e o desenrolar dos acontecimentos para a apreensão de como se formam os mecanismos de resistência à opressão; de rebeldia à ordem dominante; de luta pela manutenção de costumes e de tradições, enfim, da construção dos protestos. Para ele, é assim que se constrói a *cultura política,* com base na aprendizagem produzida pela experiência.

A ABORDAGEM CULTURAL-WEBERIANA

Pode-se também interpretar os movimentos sociais utilizando o enfoque *culturalista,* que procura relacioná-los aos fatos do cotidiano, mas não como o proposto por Thompson, que fundamenta suas análises utilizando o método marxista. O enfoque culturalista, tratado a seguir, se baseia na "teoria da ação social" de Max Weber.

As representações que os indivíduos (*atores sociais*) têm sobre suas práticas conferem significados a estas. A ênfase recai sobre as relações de consumo e sobre a distribuição das mercadorias, mais do que sobre as relações de produção. A má distribuição de bens gera as injustiças sociais. As mudanças são provocadas pelas ações coletivas dos indivíduos, sendo que estes têm um papel fundamental na determinação dos rumos dos acontecimentos.

A corrente culturalista weberiana produziu dois desdobramentos analíticos: o primeiro é o de Alain Touraine e o segundo, de Claus Offe.

- O enfoque da *ação social*

Desenvolvido por Touraine e seguidores. Ele afirma que os movimentos sociais são o coração da sociedade. A partir da *ação social*, isto é, das práticas democráticas de pressão, surge uma nova sociedade política, no próprio capitalismo, menos selvagem e mais igualitária. Os movimentos não seriam contra o Estado, pois não se ambiciona chegar ao poder.

- O enfoque institucional

A segunda tendência enfatiza o processo de institucionalização dos movimentos sociais (Claus Offe). A explicação a respeito das ações dos indivíduos está centrada na política e na cultura. Considera-se que o marxismo não consegue explicar as ações tanto nos planos individual como no coletivo, pois privilegia a análise das ações das classes no plano da estrutura. A subordinação da análise ao fator econômico impediria que se enxergassem as ações inovadoras dos indivíduos.

Offe analisa os movimentos sociais organizados contra o não acesso aos bens de consumo e culturais, que afetam a chamada classe média europeia, com a hegemonia do neoliberalismo. Os movimentos sociais objetivariam a interferência em políticas públicas e em hábitos e valores da sociedade.

OUTRAS ABORDAGENS CULTURAIS

- O enfoque neoidealista

Seus principais representantes são filósofos e psicanalistas europeus, entre eles Foucault, Deleuze e Guatari. Foram influenciados pelos pensamentos anarquista (Proudhon e Kropotkin) e marxista, sobretudo pelas análises de Agnes Heller sobre o cotidiano vivido e suas percepções, além de Habermas e Marcuse.

Enfatiza os chamados *movimentos de minorias*: de mulheres, de negros, de homossexuais, além dos movimentos pacifista e ambientalista, criadores de uma nova sociedade, potencializada por mudanças socioculturais (mudança de hábitos e de atitudes mediante a militância).

Tais movimentos sociais estariam situados fora da esfera estatal, na sociedade civil, em busca de autonomia, de liberdade e de independência de ação. Seriam construtores de espaços novos – territórios de singularidades – nos quais os indivíduos poderiam expressar seus desejos que foram frustrados ou reprimidos pela força do Estado. Indivíduos *desterritorializados reterritorializam* a cidade em suas formas específicas de apropriação desta. Como ocorre com os grafiteiros, os homossexuais, ou outras tribos urbanas com suas especificidades culturais (rappers, e até mesmo skinheads). No Capítulo 3, no qual enfocaremos a ação do Estado, voltaremos a tratar das ideias de Guatari de modo mais pormenorizado.

A luta básica gira em torno da conquista da autonomia. Para isso, a não institucionalização é fundamental. Colocam-se contra o Estado os partidos políticos e a religião. Na *comunidade* criam-se as dissidências analíticas e as relações sociais novas.

Alguns autores consideram que esse enfoque relaciona-se com a possibilidade de construção de uma sociedade radicalmente democrática; já outros interpretam como a chance de se incrementar um "duplo poder", alternativo à lógica do Estado capitalista.

• O enfoque neopositivista

Por esse enfoque os movimentos são vistos como manifestações comportamentais coletivas, oriundos do desejo de participação na sociedade, tratada em contraposição ao Estado. Gohn, discutindo essa tendência teórica, mostra a possibilidade de institucionalização dessa forma de atuação, pois, apesar de surgir de inquietações sociais, busca maior representatividade na política.

O fato de os indivíduos se contraporem à sociedade é visto como inerente à natureza humana, uma vez que a sociedade bloqueia-os, oprime-os e frustra-os. As possibilidades de mudança social, ou mesmo de resistência às mudanças, surgem desses embates entre indivíduos e sociedade, ou seja, seriam frutos desses comportamentos coletivos, que acabam por levar os indivíduos a participarem das instituições.

Os movimentos podem ser culturais, relacionados às mudanças de valores, sociais, se forem produzidos pela desorganização social e descontentamento ou, ainda, políticos, quando surgem motivados pela injustiça social.

OUTRAS POSSIBILIDADES INTERPRETATIVAS

As possibilidades de interpretações elaboradas por Ana Maria Doimo apresentadas a seguir têm o mérito de sintetizar criticamente as discussões elaboradas por Gohn. Ela identifica três possibilidades de interpretação/ação para os movimentos sociais:

• O enfoque estrutural-autonomista

Por essa interpretação, buscam-se as explicações para as ações partindo de dois postulados básicos: a) as *contradições urbanas*, produzidas pelo caráter de classe do Estado que financia a reprodução do capital em detrimento da garantia da reprodução da força de trabalho. Fazem parte, portanto, do conflito principal da sociedade capitalista, *entre o capital e o trabalho*; b) a *sociedade civil* tem, em si mesma, uma capacidade ativa no sentido de *organizar-se "autonomamente"*, contra a tradição política autoritária. Os "novos movimentos sociais", protagonizados pelos "novos sujeitos coletivos", em uma manifestação de rebeldia espontânea, se dirigiriam contra tal autoritarismo, protagonistas da possibilidade de transformação das relações capitalistas de produção.

• O enfoque cultural-autonomista

Interpretação surgida a partir de 1982-83, com base nas correntes culturalistas para a interpretação dos movimentos sociais europeus. De certa forma, consegue enfraquecer a abordagem anterior. Revaloriza a *cultura* e a *subjetividade* na elaboração dos conflitos sociais contra a racionalidade instrumental do Estado. Pela a crítica às análises de um marxismo reducionista e economicista, adota a noção de Thompson de "experiência", buscando o sentido das práticas ou da experiência.

Refuta-se a ideia de sujeito único ("o movimento", "o Partido" etc.) baseada na *suposta* homogeneidade de classe produzida pelas *condições materiais objetivas de existência*. Trabalha com a ideia de "sujeitos políticos", portadores de uma "nova identidade sociocultural", para a construção de um projeto político destinado à "transformação social" e à "radical renovação" da vida política.[1] Até metade da década de 1980, essas duas posições foram dominantes nas interpretações a respeito dos Movimentos Sociais Urbanos. Embora discordantes em alguns pontos, situam-se no universo marxista de análise e trabalham com a hipótese de que os movimentos seriam capazes de provocar a ruptura da estrutura capitalista, pelas propostas de "democracia de base", de "autonomia" em relação ao Estado e de independência em relação aos partidos políticos.

• O enfoque institucional

Com o retorno da democracia no Brasil, surgem outras práticas vinculadas ao *enfoque institucional*. Doimo ressalta

---
[1] DOIMO, A . M., op. cit., p.47-8.

que, embora os movimentos baseados nos enfoques autonomistas criticassem o atrelamento institucional, não eram tão antiestado ou contraestado, como supunha a matriz estrutural-autonomista. O quadro de demandas, recusas, alianças, pactos e conflitos internos era muito amplo "e o Estado poderia ser "amigo" ou "inimigo", dependendo dos interesses em jogo e da ótica cultural pela qual era reconhecido".[2]

O dilema teórico coloca-se a partir desse binômio *autonomia-institucionalização*, baseado nas formas de atuação concretas. Outros autores, como Cardoso e Boschi, em seus estudos interpretativos a partir de 1983, identificam novas formas de relação entre os movimentos e o Estado, menos vinculadas às relações de classe, e sim ao crescimento e à ampliação das funções do Estado sobre a sociedade. Por isso, concluem que os novos movimentos urbanos estariam mais vinculados à ampliação dos direitos da cidadania do que aos compromissos com as mudanças estruturais das relações capitalistas.

O hibridismo dos movimentos concretos

Independentemente da filiação teórica da argumentação apresentada, os movimentos sociais são frutos do desenvolvimento de uma sociedade complexa e contraditória, reproduzindo as características dessa sociedade. Por exemplo, no Brasil as práticas desses movimentos receberam tanto influências do pensamento marxista ou materialista-histórico – incorporando nas análises elaboradas categorias como dialética, revolução e história – como sofreram as influências de sujeitos ligados à Igreja Católica, procurando

---
[2] Ibidem, p.49.

valorizar as ações baseadas nas culturas locais e nas relações interpessoais estabelecidas no cotidiano.

Quer dizer, as correntes de pensamento e as práticas sociais estão alicerçadas no papel que a cultura tem na sociedade, mas também pelas determinações sociais, políticas e econômicas que exercem grande influência sobre os movimentos e a mudança social.

Os movimentos concretos foram influenciados tanto pelas condições estruturais vigentes como pelas novas tendências intelectuais e correntes europeias de pensamento. Além disso, não foi apenas a tradicional cultura autoritária brasileira, mas também outros traços da tradição cultural – comunidade, relações interpessoais – que influenciaram os movimentos populares que contribuíram para produzir transformações históricas.

Mesmo porque, a partir de meados da década de 1970, estavam inviabilizadas ou esgotadas outras possibilidades de transformação social, quer pela via do *planejamento tecnocrático*, colocado em prática pelo regime autoritário vigente, quer pela via das ações de *"vanguarda"* de "partidos revolucionários", colocadas em prática a partir do final dos anos 1960 como forma de conscientizar as "massas" amorfas, passivas e silenciosas.

O pensamento de Gramsci vai fecundar as correntes de pensamento que elegem o chamado "povo" como "sujeito histórico". Utiliza-se o conceito de sociedade civil, e o cotidiano juntamente com o senso comum passam a ter importância política.

Em síntese, as interpretações ou as ações baseadas no acirramento da "luta de classes", pura e simplesmente, foram substituídas pelas ações que consideravam as "condições de reprodução da existência". Ou seja, o enfoque não está mais centrado unicamente nas relações de produção, deslocando-se para as questões referentes ao consumo, entendido como o cerne dos conflitos relacionados à transformação social. Isso é verdadeiro para todas as correntes interpretativas – tanto as estruturalistas como as culturalistas. A diferença é que enquanto uma interpreta o consumo de bens coletivos pelo enfoque econômico, outras interpretam o consumo pela dinâmica da cultura ou do comportamento.

As práticas estabelecidas assentam-se na reabilitação da ideia de *comunidade* – de conotação fortemente conservadora (original da estrutura corporativa da Idade Média, tornada anacrônica com a consolidação do Estado moderno) – com a valorização da *experiência* e da cultura e enfraquecem o conceito de classe social. Na verdade, isso não significa a negação da importância da *classe social*, mas, sim, que a cultura volta a ser valorizada pelo pensamento de esquerda, e que a ideia de classe social

> não pode ser concebida inseparavelmente de como homens e mulheres vivem suas relações de produção, experimentam suas situações determinantes dentro do conjunto de relações sociais, com uma cultura e expectativas herdadas, e de como modelam estas experiências em formas culturais.[3]

A questão do sujeito histórico e da identidade

Eder Sader, em seus estudos sobre os movimentos sociais, valoriza o conceito de *sujeito social e histórico*. Esse sujeito é criado pelos próprios movimentos sociais populares: indivíduos dispersos e isolados que começam a se reconhecer mutuamente, quando passam a decidir e agir em conjunto, criando uma *identidade* ao se reavaliarem e se redefinirem no decorrer do movimento. O sujeito é resultado da interação com outros agentes, e, embora seja coletivo, não é portador

---
[3] DOIMO, A. M., Op. cit., p.90.

de uma visão predeterminada, que serviria como fio condutor para todas as ações dos movimentos sociais em curso em uma dada sociedade.

Mas, quem é esse *sujeito*? Poderia ser simplesmente algum *ator social*? Ou, ainda, um *agente*?

Alain Touraine, que trabalha com a sociologia da ação, entende que uma certa situação na sociedade é resultado de relações entre os *atores*, definidos tanto por suas orientações culturais quanto por seus conflitos sociais. São dotados de autonomia, como acontece com os *agentes*, não desempenhando nenhum papel predeterminado, definido por condições dadas, decorrentes do sistema social. Isto é, para Touraine os atores não são portadores de papéis definidos no nível da estrutura social.

Sader pensa esses atores como agentes dotados ao mesmo tempo de *autonomia* e de *heteronomia*, isto é, suas ações são também fruto de influências externas que lhe são impostas, mas que eles conseguem reelaborar. Por isso, prefere utilizar a noção de *sujeito coletivo*: construído com base na organização de práticas na defesa de interesses comuns e de vontades. A elaboração da identidade coletiva constrói-se no decorrer dessas experiências conjuntas.

O autor afirma que diferentes movimentos sociais encontrados em uma mesma sociedade, tendo em vista a elaboração cultural das necessidades, partilham de uma mesma definição daquilo que é necessário. Entretanto, o tipo de ações que desenvolvem para alcançar seus objetivos, bem como a importância relativa que cada um dá aos bens materiais e simbólicos, depende dos *significados* desses bens para cada um e das *experiências* que compartilham socialmente. É assim que a *identidade* é construída entre os membros de determinado grupo.

Não se trata de uma identidade dada, isto é, que naturalmente o grupo possui. Mas de uma identidade fruto das posições que assume coletivamente, como grupo. Depende, sobretudo, das *experiências vividas* pelos indivíduos que participam daquele grupo e permitem reconhecer seus objetivos, seus inimigos e o mundo que os envolve.

Tal ideia está fundamentada na concepção de classes sociais de Thompson, para quem as classes existem concretamente a partir das *experiências vividas* por homens e mulheres no seio das relações de produção. Essas experiências concretizam-se em formas culturais, com base nas situações *experimentadas* no conjunto das relações sociais, de acordo com a cultura e as expectativas daquela sociedade ou daquele grupo.

Os interesses são identificados na elaboração dessas experiências, constituindo-se os sujeitos coletivos e os movimentos sociais.

Para superar a falsa dicotomia entre sujeitos e estruturas, o autor lembra que os sujeitos fazem parte das estruturas objetivas da realidade, que, entretanto, não são exteriores aos homens, ao contrário: são por eles produzidas e por isso estão impregnadas de significados sociais. Com isso, pretende frisar, de acordo com Castoriadis,[4] a relatividade dos conceitos de autonomia e de indeterminação. Trata-se de uma *codeterminação*, isto é, há a influência do que já existia com um significado simbólico já dado. Há outras significações, entretanto, que não são reflexos puramente do que já existia antes, pois há uma capacidade criadora da imaginação produzindo novos significados.

O sujeito coletivo vai surgindo na dinâmica dos movimentos sociais, entre as pessoas que vão se descobrindo umas às outras, a partir de uma identidade própria, de histórias semelhantes, de problemas e esperanças comuns.

---

[4] A obra de CASTORIADIS, *Instituição Imaginária da Sociedade* (Paz e Terra, 1982) é a referência básica para estas afirmações de Sader, que considerou como sendo o *"guia básico neste percurso intelectual"*.

Pessoas que têm valores semelhantes e um destino comum, o que possibilita a elaboração de um projeto de futuro para mudar a realidade circundante, com base nas práticas desenvolvidas durante a mobilização.

Estudando alguns movimentos sociais que ocorreram na Região Metropolitana de São Paulo, Sader observou que havia entre os participantes uma desconfiança em relação às instituições e aos sistemas políticos. A politização das questões do cotidiano foi ocorrendo no desenrolar das lutas pela criação de novos espaços políticos (clubes de mães, comissões de saúde, o espaço da fábrica), como uma espécie de *alargamento do espaço da política*.

A partir da década de 1970, essas práticas reivindicativas foram se intensificando pelas periferias dos grandes e médios centros urbanos do país. No entanto, no fim da ditadura militar no país o que ocorreu não foram transformações abruptas e profundas, foi uma transição conservadora rumo à democratização, mediante um pacto entre as elites políticas para a permanência de mecanismos relacionados à velha ordem.

Mas os movimentos continuavam apegados à ideia de autonomia. Para alguns autores, as ideias feministas, ecológicas, antimilitares e antiindustrialistas contidas nesses *novos movimentos sociais* promoveram inovações no campo sociocultural, no qual residiria o *potencial transformador* desses movimentos, em termos da criação da uma "nova identidade", que valoriza a diversidade.

Interpretações desse tipo são contestadas por outros que percebem limites nesse potencial transformador, pois constatam que aqueles autores trabalham com uma noção de identidade problemática, que uniformiza características heterogêneas de diferentes movimentos sociais.

Durante a década de 1970 – os anos mais duros da ditadura militar no Brasil – os movimentos sociais hastearam a bandeira dos direitos humanos e da recusa à política institucional. Já durante a década de 1980, o mundo e o Brasil viram crescer os movimentos de xenofobia, a proliferação das chamadas tribos urbanas e a maior visibilidade da sinistra rede do crime organizado. Todos construídos molecularmente, também partindo de ações diretas e ao sabor do desprezo pela política convencional. O princípio de identidade também foi invocado para entender o processo de formação desses grupos, o que é preocupante para Doimo, que busca em Hobsbawn a seguinte explicação: esta "política da identidade de grupos" pode resultar em consequências desastrosas diante do princípio central da democracia moderna, fundada no respeito à diversidade social e na garantia das liberdades civis.

Pode-se, ainda, substituir os conceitos de *identidade* e de *sujeito único* pelo de *hegemonia*, considerando a diversidade dos agentes sociais participando dos movimentos sociais, como faz Ernesto Laclau, pensador latino-americano que considera que não se pode identificar *uma única posição de classe desses sujeitos* diante das relações de produção. O que ocorre é uma "pluralidade de sujeitos" passíveis de "práticas hegemônicas".

Portanto, essa *pluralidade de sujeitos* que *podem* atuar hegemonicamente em função das mais diversas reivindicações relacionadas fundamentalmente a valores universais (culturais, éticos, cívicos etc.), demonstra de modo inequívoco o caráter diverso, fragmentado e localizado desses movimentos reconhecidos como *novos movimentos sociais*.

Tais considerações são mais pertinentes para os movimentos sociais dos países de capitalismo desenvolvido. Nesse sentido, Doimo apresenta uma reflexão de Offe sobre os *novos movimentos sociais* na Alemanha. O autor conclui que "eles jamais reproduziriam o padrão clássico dos conflitos da classe". *Sua base social é* de classe média e está muito próxima do Estado, do qual retiram suas condições de sobrevivência. Portanto, as contradições, agora, são de outra ordem e os conflitos são mais pautados em valores (como princípios e reivindicações morais, como a dignidade e a autonomia do indivíduo, a integridade das condições físicas de vida, a igualdade e a exigência de participação ou as formas pacíficas e solidárias da participação) do que em recompensas especificamente negociáveis.

Já no Brasil a situação é bem diferente, e podemos mesmo dizer que há certo *hibridismo* nos movimentos sociais. Para a antropóloga Ruth Cardoso, por exemplo, a questão da identidade reveste-se, em nossa realidade, de características específicas. Sua análise sustenta-se nas relações que os movimentos de reivindicações urbanas desenvolvem com o Estado. Enfatiza que a possibilidade de formação de uma identidade abrangente sucumbe diante das formas de relação com o Estado, pautadas na burocracia e em seus mecanismos desagregadores, ou em virtude da competição interna pelos mesmos recursos públicos entre diferentes movimentos.

No Brasil, o crescimento dos movimentos sociais pós-1970 deve-se às questões relacionadas à sobrevivência imediata da população, como saúde pública, moradia, transporte coletivo urbano, saneamento básico, segurança pública e proteção aos "menores abandonados", entre outras. Participam desses movimentos principalmente os segmentos sociais da baixa renda; uma pequena parcela da classe média engaja-se nessas lutas, em geral para prestar assistência técnica e política.

Tal base social, mal integrada no mercado de trabalho, é fragmentada e dispersa entre diferentes grupos. Suas carências ora são explicadas pela atuação do Estado, ora pela atuação do mercado ou pelos padrões culturais o que, de certa forma, enfraquece a possibilidade da pressão, visto a variedade de interlocutores existentes.

As relações ambíguas estabelecidas com o poder público podem ser verificadas em várias situações:

a) ora o Estado é contestado em razão das dificuldades de acesso ao sistema de decisões, ora é legitimado porque dele se espera função provedora; b) ora a acumulação privada e o mercado são contestados por seu perfil excludente, ora são requeridos para que irriguem o fundo público, do qual dependem para o atendimento de suas carências.[5]

Assim, os participantes desses movimentos ficam expostos a todo tipo de interferências ou de manipulação. Podem participar de instituições que se estruturam por valores morais e mesmo privatistas (como as organizações do terceiro setor); ou de movimentos virtuosos, na perspectiva da igualdade e dos direitos da cidadania; ou de organizações perversas que atuam no mundo da violência ou da intolerância, como aquelas vinculadas ao racismo, ao fundamentalismo ou à xenofobia.

Doimo discute, apoiando-se em Hobsbawn, que esses *movimentos perversos* também fazem da *ação direta* sua principal arma para atacar o Estado ou suas vítimas mais imediatas. A autora considera que no Brasil, um país com dezenas de milhões de pessoas vivendo em estado de miséria, e

> de "apartheid" social, é sintomático que a reivindicação por segurança pública dê tanto ' ibope'. O extermínio de meninos de rua, cadáveres espalhados por terrenos baldios da periferia dos grandes centros urbanos, corriqueiras estórias de assalto à mão armada, sucessivos sequestros e "arrastões" nas praias têm sido pouco para representar a ação direta de inúmeros grupos e

---

5 DOIMO, A. M., op. cit., p.62.

organizações constituídos sobre interesses privatistas e enraizados nos subterrâneos de instituições sociais corrompidas.[6]

Grupos neofascistas que pregam a intolerância e a violência, como os *skinheads*, também têm uma conduta de descrédito em relação às instituições democráticas, em geral, e aos partidos políticos, em particular. As gangues e *tribos urbanas* têm também posições semelhantes, embora em relação às últimas seja necessário tomar um certo cuidado para não se fazer generalizações fáceis.

Nos grandes centros urbanos, principalmente, algumas "tribos", como os grupos de rap e de hip-hop, têm tido um comportamento cultural bastante crítico e consequente em relação às condições de vida dos jovens na periferia. A poesia e a música são os instrumentos para lidar com o sofrimento para esses grupos. E o sofrimento advém da violência, da miséria, do preconceito, da falta de oportunidades de trabalho, de estudo...

> O rap, como se sabe, não é neutro. Tem a sua origem na insatisfação, é um grito de revolta, uma fala de denúncia, um som que fere ouvidos eruditos, mas que, como se diz de vez em quando, precisa ser ouvido. Não é ouvido, claro, porque em geral a fala que vem da periferia é ignorada por quem mora fora dela. Ou é ignorada até onde isso for possível. De qualquer forma, o "discurso" da periferia tem chegado ao centro, e de forma às vezes muito gritante e incisiva. ... Assim, apesar de toda a situação difícil, (há) um clima de bom astral, uma certa felicidade intrínseca das pessoas, que não pode ser confundida com a palavra "alienação"... Essa alegria na carência, essa esperança na adversidade só engrandece os personagens e não retira nada de sua humanidade e inteligência.[7]

---

6 DOIMO, A . M., op. cit., p.63-4.
7 OROCCHIO, Luiz Anin. *O Estado de S. Paulo*, 2 de abril de 2004, Caderno 2, D5.

Ser rapper em São Paulo ou no Rio de Janeiro não faz diferença. Eles estão em todas as periferias: brancos e negros – é o signo da pobreza e da exclusão social que os une.

"O movimento rapper é hoje o equivalente do movimento estudantil nos anos 1960 e 70 ... nos deu identidade, cidadania", diz Hugo Brek, rapper, ligado à Pastoral Carcerária, entrevistado pelo jornal O *Estado de S. Paulo,* em 2 de abril de 2004, sobre o documentário *Fala Tu,* de Guilherme Coelho e Nathaniel Lecléry, que retrata o cotidiano de moradores da Favela do Estácio (RJ).

As questões de identidade e de cidadania são essenciais para eles. No entanto, o preconceito em relação ao movimento rap é muito grande e pode ser explicado por seus símbolos identitários: a linguagem típica dos jovens da periferia pobre, a forma de se vestirem, os problemas que abordam. Eles incomodam! E deve ser exatamente isso o que objetivam. O preconceito identifica-os com as atitudes ilícitas ou com a criminalidade: *"coisa de marginal".* Mas como diz Nego Chic, de um grupo que faz shows, debates e palestras na periferia de São Paulo, na mesma reportagem: "No movimento rap há muito mano ruim, mas não se pode generalizar e os bons não podem pagar pelos maus". Não por acaso, o "santo" padroeiro do grupo é São Jorge: o santo guerreiro contra o dragão da pobreza.

Os trabalhos que esses grupos desenvolvem estão impregnados dos temas, das vivências e dos problemas dos bairros da periferia pobre. A geografia da pobreza e da violência transparece nas poesias por eles elaboradas. Há uma recuperação do bairro, a reafirmação das origens, do cotidiano, procurando elevar a autoestima, mas de forma crítica, a exemplo da banda Nhocuné Soul, da Vila do mesmo nome, entre Itaquera e Artur Alvim, na Zona Leste paulistana. O nome é um trocadilho para reafirmar o mote "Sou Nhocuné".

A vila Nhocuné, na zona leste paulistana, foi loteada no início da década de 1960. Loteamento popular típico do período: só o arruamento. A paisagem desoladora, na sua tonalidade avermelhada: o vermelho da terra, da poeira – muita poeira – depois da derrubada da vegetação e o arruamento pronto. As primeiras casas, também vermelhas – o vermelho dos tijolos das casas sem pintura. Esta pode esperar, é supérflua naquela realidade. Não estamos ainda na era dos blocos de cimento, que imprimem um tom acinzentado na paisagem dos loteamentos populares da década seguinte. Mas o processo continua sendo o mesmo: a energia elétrica vem depois de algum tempo. A linha de ônibus demora mais um pouco. Às vezes, é instalada para depois ser retirada. A rede de água e esgoto demora bastante, décadas às vezes. A venda de terrenos ainda é feita em módicas prestações mensais (pelo próprio loteador, sem intermediários), em geral, o prazo é de 10 anos para pagar prestações mensais fixas. O material de construção é comprado no "depósito", no próprio bairro, também "à prestação" (sic). O método construtivo é a autoconstrução. Contrata-se apenas o "poceiro". Furar o poço e a fossa é trabalho para profissional; trabalho perigoso, que requer muita perícia. Para isso é necessário "ter dinheiro reservado". Assim forma-se a nova paisagem: ruas empoeiradas, terrenos com uma pequena casa semiconstruída, em geral nos fundos, o poço estrategicamente localizado, longe do banheiro e da fossa. É necessário caminhar muito a pé, até chegar em Artur Alvim, para pegar o ônibus ou o trem na estação da antiga Central do Brasil, em direção à estação do Norte, no Brás.

Memórias de infância da autora. De uma criança que acompanhou a alegria de seus dois tios recém-casados que conseguiram comprar "à meia" um terreno na Vila Nhocuné, para conseguir a tão almejada casa própria... Mas não conseguiram ficar ali. O cotidiano era muito difícil. Sem eletricidade, sem condução, sem comércio para as primeiras necessidades. Quando as crianças ficavam doentes, entravam em desespero. Venderam e voltaram para a casa dos pais em Artur Alvim e na Vila Granada, loteamentos populares mais antigos, das décadas de 1930-40 e, portanto, com um pouco mais de conforto: linha de ônibus, ruas principais asfaltadas. Mas ainda assim, no iní-

> cio da década de 1960 não dispúnhamos, na Vila Granada, de iluminação pública, de postos de saúde, de escolas públicas, de rede de água e de coleta de esgoto. Somente mais para o final da década é que estas periferias já adensadas passam a ser mais urbanizadas e providas desses equipamentos coletivos.
>
> Em depoimento para o jornal *O Estado de S. Paulo* (31/3/2004), Renato Gama, do grupo Nhocuné Soul, lamenta a perda na semana anterior (!) da linha do ônibus Vila Nhocuné, que deixou de circular no bairro e orgulhosamente ilustrava o encarte de seu disco de estreia, Samba Rap periférico, Coisa de Família: "um baque que não tem malandro que segure", como diz a letra da banda.
>
> Pasmem! Mais de quarenta anos depois do início do loteamento, quase meio século depois, o bairro continua sem ter linha de ônibus – o mesmo motivo que justificou a mudança de meus tios, em 1962.

Esses grupos de rappers almejam uma espécie de conscientização por meio da arte. Procuram mudar comportamentos com suas letras: desde estimular o uso de preservativos nas relações sexuais até o combate à violência e ao uso de drogas.

> Pode crer / Racionais Mc's e Negritude Junior / Juntos vamos / Investir em nós mesmos / Mantendo distância das drogas e do álcool / Aí rapaziada do Parque Ipê, Jardim São Luiz, Jardim Ingá, Parque Arari, Vaz de Lima / Morro do Piolho e Vale das Virtudes e Pirajussara / É isso aí, Mano Brown (é isso aí Netinho / Paz a todos) (*Fim de Semana no Parque*, Racionais MC's).

A socialização da política: a ampliação dos espaços para a participação

Os movimentos sociais, provavelmente em razão da mensagem transmitida de superação das relações de exploração e de domínio do homem pelo homem, passaram a ser vistos como portadores da *utopia* da transformação social. Entretanto, convém frisar sua origem fora da esfera produtiva e dos espaços tradicionais de mediação política, em lugares marcados por carências de todo tipo, relacionadas ao aprofundamento do Estado capitalista, a partir de um modelo fortemente concentrador de renda. Assim, em vez de pensarmos em *novos sujeitos* ou em *nova identidade* devemos examinar esses movimentos como parte do fenômeno de *socialização da política,* com a ampliação de novas formas e espaços de participação política.

É bom não esquecer que, além desses movimentos sociais, surgem também *movimentos perversos*, como aqueles instauradores da intolerância e da violência. Já lembramos alguns, como o dos *skinheads*, o crime organizado e os movimentos xenofóbicos, entre outros.

Embora os participantes de um dado movimento possam compartilhar de valores semelhantes, crenças, ou cultura que os predispõem a lutar por uma mesma causa, não significa que haja uma *única* identidade entre eles, em virtude da heterogeneidade desses movimentos e de sua própria composição. Doimo lembra, citando Eunice Durhan, que "valores culturais não constituem, em si mesmos, a explicação de fenômeno algum; são, antes, fenômenos que devem ser explicados na análise do processo de transformação social".[8]

Movimentos irracionais da massa (quebra-quebras, saques, linchamentos) são também chamados de movimentos de *ação direta*, como os movimentos baseados em formas racionais de organização social, por isso a dificuldade de se conseguir a tão desejada *autonomia da sociedade civil,* a partir da ação direta de movimentos. Os participantes desses movimentos são conhecidos como *ativistas sociais.*

---
8 DOIMO, A. M., op. cit., p. 50 e 68.

Os conflitos interétnicos ou de extrema degradação social estão também incluídos entre os movimentos de ação direta. Consideramos incorreto denominar esses movimentos de *sociais*. A base de nossa argumentação pode ser lida no próximo box.

> A noção de *ação direta* é utilizada em referência a alguns movimentos da sociedade contemporânea. São movimentos de ação direta com uma bandeira, isto é, com um determinado objetivo e que se propõe a agir para alcançá-lo. São movimentos heterogêneos, ambíguos, situados entre o Estado, o mercado e a cultura. A ambiguidade está também na base social destes movimentos, nos seus objetivos e na sua lógica. A solidariedade que une os participantes tanto pode impulsionar movimentos populares urbanos, culturais tidos como consequentes, como movimentos corporativistas, na defesa de privilégios, e, portanto, antissociais, como movimentos irracionais, ligados a grupos minoritários extremistas como os skinheads, por exemplo.[9]

A atuação dos movimentos sociais ocorre paralelamente ao sistema de representação política. Em geral, agem para pressionar o poder público no atendimento de suas bandeiras de luta, colocando-se, portanto, algumas vezes de forma radical. Especificamente, podem atuar contra as medidas tomadas pelo poder público. Lidam com valores éticos, morais e comunitários; estabelecem laços de solidariedade, em substituição aos conceitos políticos tradicionais, distanciando-se dos tipos tradicionais da participação em partidos políticos, criados a partir das revoluções burguesas dos séculos XVII e XVIII.

Os movimentos populares urbanos podem, ainda, desenvolver características populistas, além de práticas *ingênuas* de participação, ou vincular-se a grupos corporativistas, que

---

[9] DOIMO, A. M., op. cit., p.14.

nem sempre expressam os verdadeiros interesses dos movimentos populares, mas apenas os utilizam em benefício próprio. Alguns autores, a partir de meados da década de 1980, passaram a pensar na possibilidade de participação política institucional na tentativa de superação das fragilidades apontadas acima.

A conscientização a respeito de direitos sociais não garantidos cria as possibilidades para se lutar por eles, mediante pressões para mudanças na orientação das políticas públicas. Seu oposto, isto é, contentar-se com a garantia de direitos individuais, representa a manutenção do *status quo*, ou seja, não há perspectivas para mudanças sociais.

Os *direitos individuais* são aqueles considerados fundamentais – relacionados à cidadania cívica e política na democracia representativa (direito à propriedade, igualdade perante a lei, direito de ir e vir, direito de expressão, livre escolha, votar e ser votado...). Sem dúvida, são importantes e caracterizam uma sociedade efetivamente democrática. São direitos conquistados pelas revoluções burguesas do século XVIII, de acordo com os ideais liberais que separaram a sociedade do Estado.

Pela luta por *direitos sociais* – relacionados à cidadania social – a sociedade penetra no Estado, procurando conhecê-lo, controlá-lo e interferir em sua estrutura administrativa, em seus processos de legitimação e regulação, em suas prioridades e objetivos.

3 O Estado, a urbanização capitalista e os movimentos sociais

As interpretações apresentadas neste capítulo têm o objetivo de contribuir para que se compreenda o significado dos denominados fatores estruturais e institucionais, a fim de que se possa melhor avaliar a crítica contemporânea a respeito das relações entre estes e os movimentos sociais.

O capitalismo e a reprodução da força de trabalho

Nos países europeus, onde se aprofundou o *Estado do Bem-Estar Social* (Welfare State), a *reprodução da força de trabalho* se faz mediante a remuneração recebida pelo trabalhador, com a qual ele consegue seu sustento e o de sua família e por políticas públicas: saúde, saneamento básico, educação, cultura, lazer, seguro desemprego, subsídios para a moradia etc. Nos países de desenvolvimento tardio, os salários em geral eram – e são – insatisfatórios e as políticas públicas jamais conseguiram proporcionar aos trabalhadores e à população em geral as condições necessárias para a sobrevivência ou para a reprodução da força de trabalho. Portanto, os trabalhadores e suas famílias necessitavam – e ainda necessitam – recorrer às *estratégias individuais ou familiares de sobrevivência,* ainda com a produção doméstica de alguns valores de uso, que poderiam ser adquiridos no mercado.

> ### O que é força de trabalho
>
> Paul Singer nos ajuda a entender esta questão:
> Para ele, a força de trabalho representa aquela parte da população que tem condições de contribuir para o chamado *produto social*, isto é, participar do mercado de trabalho. Por exemplo, a dona de casa, realizando atividades no âmbito doméstico, não faz parte da força de trabalho, pois não é e em **si mesma**, enquanto dona de casa, força de trabalho; mas contribui, não só através da procriação, mas com as suas atividades não remuneradas no lar, para a **reprodução** da força de trabalho. Pode, porém, fazer parte da força de trabalho, desde que exerça ou tenha intenções efetivas de exercer outras atividades.[1]
>
> Conclui-se, portanto, que as donas de casa, quando não exercem atividade remunerada, podem representar um potencial de mão de obra disponível para o capital, fazendo parte daquela parcela de "pessoas capacitadas para o trabalho", mas que não o realizam a não ser em épocas de grande atividade, quando são rapidamente incluídas ao exército de trabalhadores na ativa.

> ### Reprodução da força de trabalho e estratégias de sobrevivência
>
> O termo reprodução significa "a produção e a criação de condições pelas quais uma determinada situação pode continuar ocorrendo." ... A reprodução da força de trabalho se faz quando o capitalista produz o trabalhador como trabalhador assalariado. Os trabalhadores gastam as suas energias ou as suas forças durante o processo de trabalho. Por isso precisam gastar o salário recebido ao final de um período da produção com alimentação, saúde, moradia etc., para repor a sua força de trabalho consumida durante o período de trabalho.

---

[1] SINGER, P. "Força de trabalho e emprego no Brasil – 1920-1969.", Cadernos Cebrap, n.3, Ed. Cebrap, 1971, p.9.

> Mas isto não é suficiente para se entender o processo de reprodução da força de trabalho na sua totalidade. Deve-se considerar também que as pessoas e a sua força de trabalho são reproduzidas tanto no sentido cotidiano, com o consumo dos meios de subsistência, mas também no sentido de reprodução humana ou biológica. É importante reconhecer que os seres humanos são mais do que meros fornecedores de força de trabalho. Quanto à *reprodução da força de trabalho, ela* se faz, teoricamente, através do consumo dos bens considerados indispensáveis para a subsistência do trabalhador e de sua família. Contudo, apenas uma parte destes bens é obtida através da compra feita com o salário recebido, isto é, através da venda da força de trabalho. A produção doméstica de valores de uso, como vestuário, por exemplo, e a realização de serviços no âmbito doméstico (cozinhar, lavar, etc.) consegue cobrir a outra parte deste custo. Quando os níveis salariais são rebaixados deve-se aumentar a produção doméstica a fim de não comprometer a reprodução da força de trabalho. Portanto, a força de trabalho não é resultado do consumo direto de dinheiro, isto é, do salário, mas compreende trabalho e produção de valores de uso doméstico, necessários para a continuidade do capitalismo, mas distintos das relações de produção entre trabalho assalariado e capital.[2]

A produção monopolista de mercadorias e serviços, típica da fase contemporânea do capitalismo, com o aumento da produtividade e maior racionalidade no processo de trabalho, leva a um "barateamento" relativo do produto a ser consumido, o que tende a tornar inviável a produção doméstica. Por exemplo, comprar uma peça de vestuário, atualmente, sai, em geral, mais barato do que costurá-la em casa. Trata-se da tendência para a total *mercantilização* do custo de reprodução da força de trabalho – barateado na relação trabalho/capital, mas em constante elevação em face

---

[2] BOTTOMORE, T. *Dicionário do pensamento marxista*. Rio de Janeiro: Zahar. 2001, p.319-20.

das necessidades do trabalhador, que devem ser satisfeitas basicamente pela compra de mercadorias. Faz parte, também, desse processo a entrada da dona de casa no mercado de trabalho. Isso não quer dizer que ela não continue produzindo valores de uso no âmbito doméstico, mas a tendência é a diminuição dessa produção. Convém lembrar que a total mercantilização do custo de reprodução da força de trabalho é apenas "uma tendência" que só se realizaria com a elevação considerável dos níveis salariais.

É o "projeto familiar de sobrevivência" que ajuda o trabalhador a suportar a superexploração. Isto não quer dizer que a família se reúna e elabore um projeto formal de atividades para cada um de seus membros, mas informalmente é isso o que acaba acontecendo. A organização familiar, isto é, a forma como os diferentes membros da família se engajam no mercado de trabalho – formal e informal – explica a execução desse *projeto*.

Carmem Cinira de Macedo, em um texto do final da década de 1970, considerado um clássico na abordagem desse tema no Brasil, introduz a discussão a respeito do significado do projeto familiar de sobrevivência, reconhecendo que a questão básica enfrentada pelos grupos familiares é a sobrevivência. A forma pela qual

> é garantida subordina-se, obviamente, às características do modo de produção em que se acham inseridos...
> Numa sociedade capitalista, toda aquela vasta parcela da população, despojada da propriedade dos meios de produção, deve ser capaz de "ganhar a vida" através do recurso alternativo da venda de sua força de trabalho. A inserção no mercado de trabalho, na qualidade de trabalhador, dá-se individualmente. Cada trabalhador vende, em particular, a sua própria força de trabalho e é esta venda que deve garantir a obtenção de recursos necessários à sua sobrevivência e de sua família.[3]

---

3 MACEDO, C. C. *A reprodução da desigualdade*. São Paulo: Hucitec, 1979, p.31.

Mas... e quando isto não acontece?

Muitas vezes, diante da extrema pobreza e exploração, a produção doméstica de valores de uso e mesmo de troca (por parte da mulher, em geral, e também dos filhos mais velhos) passa a ser necessária para, no caso dos valores de uso, *compensar* o salário não pago, produzindo-se em casa o que deveria ou poderia ser adquirido no mercado, caso a remuneração fosse suficiente. No caso da produção doméstica de valores de troca, esta ocorre para complementar a renda familiar. Por exemplo, a dona de casa, ou os filhos mais velhos, cozinham, costuram..., vendendo o produto de seu trabalho. Atualmente, o mais comum, entretanto, é a prestação informal de serviços, no caso das mulheres como diaristas, ou costureiras em domicílio, por exemplo; no caso dos homens, serviços informais na construção e/ou reparação de imóveis, de jardinagem etc. Em todos os casos, procura-se garantir a reprodução da força de trabalho, ou simplesmente garantir a sobrevivência dessas pessoas; o que se realiza pela combinação: venda da força de trabalho mais a produção doméstica de valores de uso, de troca e prestação informal de serviços.

> ### A produção doméstica de valores de uso
>
> A produção doméstica de valores de uso corresponde não só à produção na própria casa de bens de consumo para a própria família, por exemplo, a confecção e a reparação de roupas, mas a produção de valores de uso ... e quase todos os serviços pessoais e de consumo ... na residência de outra classe social, na forma de emprego doméstico de mulheres, confecção de roupas, reparação de aparelho eletrodoméstico, do imóvel etc.[4]

---

4 OLIVEIRA, F. *A economia da dependência imperfeita*. Rio de Janeiro: Graal, 1977, p.159.

É assim que as formas de reprodução da força de trabalho acabam entrando na órbita da acumulação de capital. Os meios que os trabalhadores encontram para sobreviver, os artifícios que sua criatividade põe em ação para conseguir a manutenção com salários tão reduzidos são aproveitados pelo capital, auxiliando a elevação dos níveis de acumulação. As formas como constroem a casa, o mutirão ou a autoconstrução, por exemplo, significam uma quantidade extra de trabalho (*sobretrabalho*) não remunerado, exercido no âmbito doméstico, contribuindo para a superexploração, como veremos no Capítulo 5.

Portanto, a pobreza relaciona-se às formas como ocorre a exploração da força de trabalho e a acumulação de capitais. Para a viabilização do capitalismo em países de *desenvolvimento tardio* e dependentes da expansão capitalista dos países líderes do sistema, é *necessária* a superexploração da força de trabalho. Conforme diz Paul Singer, a máxima extração da mais-valia (tanto absoluta como relativa) permite que as taxas de lucro atinjam os níveis requeridos pelos investidores.

Em geral, foi esse o tipo de explicação estrutural usada para justificar a eclosão de movimentos sociais durante as décadas de 1970 e 1980. Isto é, a impossibilidade de sobrevivência com dignidade nas cidades era explicada pela existência de um amplo exército industrial de reserva (EIR), criado também pelas altas taxas de natalidade e pelos fluxos migratórios para as cidades.

Exército Industrial de Reserva

Fazem parte do EIR (Exército Industrial de Reserva) o desempregado, o trabalhador autônomo sem registro, o trabalhador temporário, o trabalhador subocupado. Pressionam, com a sua simples existência, o mercado de trabalho, porque, mesmo não estando à procura de um emprego, podem, a

> qualquer momento, preencher uma vaga ou substituir um trabalhador que se encontra formalmente empregado.[5]

Não se deve, entretanto, deixar de considerar que a formação de uma população excedente – o EIR – é fruto, fundamentalmente, da própria expansão da acumulação capitalista. A dinâmica do capital produz e reproduz seu excedente populacional, desempregando e barateando a força de trabalho. Os movimentos sociais surgiram, assim, em decorrência da necessidade de se lutar pelas condições necessárias para a reprodução da força de trabalho.

O papel do Estado na produção do espaço urbano e das condições de existência

O espaço geográfico possui uma forma, isto é, uma *organização* que se pretende adequada ao funcionamento da sociedade. As decisões para isso são econômicas na base, mas sempre serão opções políticas. Essa forma é definida ideologicamente, em um determinado *bloco histórico*, que corresponde à *hegemonia* de determinada classe social. É no âmbito do Estado que se estabelecem os relacionamentos entre interesses divergentes que darão o conteúdo para as formas espaciais. Elas poderão ser mais ou menos excludentes, ou segregacionistas, dependendo das características do *bloco histórico*.

> A palavra hegemonia está sendo usada de acordo com o sentido empregado por Gramsci, que foi o teórico marxista que melhor elaborou este conceito, inicialmente utilizado por

---
[5] MARX, K. *El Capital*. Critica de la Economia Política, tomo I, México: Fondo de Cultura Econômica, 1973, p 544-5.

> Lênin para indicar liderança política na revolução democrática. Gramsci desenvolve o conceito de forma mais completa nos Cadernos do Cárcere, aplicando-o ao modo como a burguesia estabelece e mantém a sua dominação. "Nas condições modernas... uma classe mantém o seu domínio não simplesmente através de uma organização específica da força, mas por ser capaz de ir além de seus interesses corporativos estreitos, exercendo uma liderança moral e intelectual e fazendo concessões, dentro de certos limites, a uma variedade de aliados unificados num bloco social de forças... bloco histórico. Este bloco representa uma base de consentimento para uma certa ordem social, na qual a hegemonia de uma classe dominante é criada e recriada numa teia de instituições, relações sociais e ideias."[6]

O Estado capitalista atua no sentido de garantir as condições gerais para a acumulação do capital e a reprodução da força de trabalho. Procura atenuar a contradição para a acumulação de capital, atendendo parcialmente às necessidades de reprodução da força de trabalho. Sobretudo após a Segunda Guerra Mundial até a década de 1970, esse foi seu papel: reduzir os custos de reprodução da força de trabalho, promovendo uma ajuda econômica ao capital via salários indiretos, pela criação e manutenção de serviços públicos e de políticas sociais compensatórias: seguro-desemprego e bolsa-escola, entre outras. No período atual, com a hegemonia do neoliberalismo, esse papel é redefinido principalmente nos países mais pobres.

A MODERNIZAÇÃO NEOLIBERAL

A modernização que tanto se "busca" no Brasil atende aos pressupostos da lógica econômica do neoliberalismo. É a modernização conservadora, tão bem definida por Florestan Fernandes.

---

6 BOTTOMORE, Tom., op. cit., p.177.

O neoliberalismo nasce como reação ao excesso de intervenção estatal na economia. Nos Estados Unidos surge como reação ao projeto do governo Roosevelt (New Deal). Porém, em todos os lugares onde foi adotado esse modelo de Estado, a consequência não foi a diminuição de seu tamanho, ao contrário, os monopólios econômicos acabaram integrados ao Estado. Os regulamentos não foram suprimidos e o Estado passou a financiar cada vez mais as atividades, em especial pelo gerenciamento da economia.

Fala-se muito atualmente em neoliberalismo. O termo é muito usado e muitas vezes de forma pejorativa, o que não é bom. Termina por ser um mero chavão, destituído de sentido. Por isso é importante que se reflita mais a respeito do conteúdo, do significado desse termo.

> O neoliberalismo é uma doutrina político-econômica que procura adaptar os princípios do liberalismo econômico, do final do século XIX, às condições do capitalismo moderno. Acreditam que a vida econômica é regida por uma ordem natural formada a partir das livres decisões individuais e cuja mola mestra é o mecanismo de preços. Não acreditam, entretanto, como os liberais acreditavam, na autodisciplina espontânea do sistema, defendendo o disciplinamento da economia de mercado pelo Estado, contra os excessos da livre concorrência e a criação de mercados concorrenciais do tipo dos blocos econômicos, como a Comunidade Econômica Europeia.
>
> Considerando o Estado do Bem-Estar Social como o responsável pela crise que se abate sobre as economias ocidentais no final dos anos 70, o pensamento neoliberal tem como fundamento as seguintes proposições:
>
> 1. o excessivo gasto governamental com políticas sociais públicas é nefasto para a economia, porque gera o déficit orçamentário que, por sua vez, consome a poupança interna, aumenta as taxas de juros e diminui a taxa de inversão produtiva. O déficit estimula a emissão de moeda e os em-

> préstimos bancários que levam ao aumento da inflação. Por isso é importante cortar os gastos públicos para liberar recursos para os investimentos produtivos privados;
> 2. a regulação do mercado pelo Estado é negativa, porque, ao cercear o livre jogo mercantil, desestimula os investimentos capitalistas, inibindo a criação de empregos;
> 3. o protecionismo social público é prejudicial à economia porque onera as classes possuidoras, além de aumentar o consumo das classes populares em detrimento da poupança interna.[7]

A competitividade entre os grandes Estados, entretanto, tem produzido o oposto do pretendido, isto é, em vez de o Estado participar menos das atividades produtivas, o que tem ocorrido é o acirramento de seu papel intervencionista. Como grande consumidor e financiador dos produtos das empresas mais poderosas, o Estado tem-se revelado vital para que estas mantenham seu nível de lucratividade e continuem investindo cada vez mais. Além disso, atua no sentido de garantir a existência de mercado para novos produtos. Assim, gradualmente desaparecem os limites entre o público e o privado. O Estado passa a ser financiador, consumidor, sócio, podendo, portanto, intervir cada vez mais, mesmo que seja na defesa de interesses localizados.

Essas considerações permitem concluir que há, sim, limites estruturais na dinâmica do Estado capitalista em relação às reivindicações dos movimentos sociais. Por um lado, a atuação seletiva do Estado contribui para a criação de demandas e, por outro, os limites, relacionados em geral à política econômica, dificultam a relação dos movimentos com o poder público para o atendimento dessas demandas ou para a resolução de conflitos.

---

[7] SANDRONI, P. *Novíssimo dicionário de economia*. São Paulo: Best Seller, 2003, p.421; e POTYARA, A. P. Pereira, op. cit., p.34.

Os interesses do chamado bloco hegemônico são facilmente contemplados pela ação do Estado e as desigualdades sociais tendem a ser camufladas, sendo tratadas, por exemplo, como produzidas pelas dificuldades de acessibilidade a bens e serviços. Os governos eleitos, em geral comprometidos com determinados interesses, desenvolvem políticas e ações que correspondem aos compromissos firmados durante as campanhas eleitorais com grupos empresariais que investem pesadamente para eleger os candidatos que lhes interessam.

Mas não é apenas o governo que atua no Estado. Há possibilidades para a atuação da sociedade civil, por meio das diversas instituições (religiosas, de classe, culturais, grupos organizados, como os movimentos sociais urbanos, associações de bairros e organizações não governamentais – ONGs –, entre outras). O poder público responde a esses agentes sociais, negociando com eles; enfrentando-os; ou ainda neutralizando-os, pela cooptação de alguns ou mesmo da totalidade dos participantes.

Na relação Estado-movimento, muitas vezes, técnicos que trabalham em órgãos públicos atuam como assessores dos movimentos, repassando-lhes informações úteis para sua organização. Outras vezes, contribuem para a desmobilização do movimento, colocando empecilhos burocráticos que dificultam seu avanço em direção aos objetivos pretendidos. Em geral, os governantes, por intermédio de seus técnicos, apenas consultam parcialmente as bases, por meio de seminários, encontros, reuniões. Não há participação efetiva nas decisões, apenas busca-se o consenso e, em alguns casos, o uso da mão de obra gratuita na execução da obras, como os projetos que envolvem os mutirões.

> A criatividade popular, o saber contido nas práticas tradicionais herdadas dos antepassados são reapropriados como forma de

rebaixamento de custos. O resultado tem sido a instauração de um novo padrão de urbanização de segunda categoria; a institucionalização da segregação social existente, e a desqualificação dos direitos de cidadania, criando-se uma cidadania inferior...

Mas as mudanças não expressam apenas controle, dominação ou perda para o movimento popular. Elas expressam lutas. E várias destas lutas têm sido vitoriosas.[8]

OS INVESTIMENTOS PÚBLICOS E O PROCESSO DE PRIVATIZAÇÃO

No atual estágio de mundialização da economia capitalista, evidencia-se o caráter hegemônico das empresas transnacionais, e as fronteiras deixam de ser uma barreira para as relações econômicas. Essa nova dinâmica de funcionamento das empresas permite que se formule perguntas em relação ao destino do Estado-nação.

Retomemos uma ideia já apresentada: o Estado capitalista tradicionalmente teve a responsabilidade de criação das *condições gerais para a produção* de equipamentos sociais para a reprodução da força de trabalho (sistema de saúde, educacional, redes viárias, de abastecimento elétrico, de água e esgoto, de telecomunicações etc.), participando de uma divisão de trabalho com o grande capital. Com isso, liberava-o de grandes investimentos, que, regra geral, não interessavam aos investidores privados pelo retorno muito demorado do capital investido. Mas no momento em que o Estado decide privatizar determinadas empresas lucrativas, com os seus equipamentos e infraestrutura operando plenamente, o capital privado passa a vê-los com bons olhos. Com isso, muitos serviços públicos (sobretudo na área de infraestrutura) que tradicionalmente eram oferecidos pelo Estado foram privatizados, passando a ser administrados

---

[8] GOHN, M. G. *Movimentos sociais e luta pela moradia*. São Paulo: Loyola, 1991, p.36-7.

pela ótica do lucro e não pela do atendimento das necessidades sociais não mercantis. Assim, parcela considerável da população é prejudicada, pois não pode arcar com os preços cobrados por serviços públicos privatizados, como ocorreu com o fornecimento de energia elétrica

A ATUAÇÃO DOS AGENTES NO ESTABELECIMENTO DE UMA POLÍTICA FUNDIÁRIA

A expansão geográfica da cidade, com a modificação do uso e ocupação do solo ou mesmo com a criação de um novo lugar – com outras características de uso socioeconômico – substituindo um antigo só é possível mediante a atuação do Estado. Constrói-se um novo lugar, incorporando uma área vazia, à espera de valorização, ou destrói-se um lugar anterior com suas características socioeconômicas, produzindo um outro, em geral com feições mais homogêneas, dirigido a outra classe social, na maioria das vezes de poder aquisitivo mais alto.

Tal produção do espaço continua sendo monopólio dos poderes públicos e econômicos. É fruto da propriedade privada da terra e de uma legislação que não impede seu uso de acordo com os interesses do mercado. Quando poucos indivíduos detêm o monopólio da terra eles têm o poder de decidir sobre os investimentos que ali serão realizados. Se não houver uma legislação específica sobre os tipos de uso e que não restrinja a ocupação para determinados fins, o poder econômico está liberado para decidir qual a destinação daquelas terras. Raramente a opção é para um uso que atenda a interesses sociais.

O Estado historicamente assumiu a função de oferecer e administrar os serviços essenciais para a população e instalar a infraestrutura necessária – estrutura viária, energia, rede de água e esgoto etc., tanto para os moradores das cidades como para as atividades econômicas, além de administrar esses serviços oferecidos. Em geral, tratava-se de atividades mais dispendiosas que trariam baixa ou nenhuma lucratividade para o investimento privado. Em tempos neoliberais, a política tem sido a de "Estado mínimo", com a privatização desses serviços, em especial nos países mais pobres, pressionados pelas imposições das agências internacionais de crédito, como Fundo Monetário Internacional ou Banco Mundial.

A partir da década de 1980, em particular, o Estado deixa de investir em serviços públicos e em infraestrutura, sob o pretexto de "saneamento das contas públicas" e redução do déficit entre despesas e receita. Mas isso não significa que o Estado não continue atuando, pois disponibiliza para o capital privado infraestruturas sem as quais as atividades econômicas não poderiam acontecer.

No Brasil, as privatizações das empresas públicas, que tão rapidamente aconteceram entre o final da década de 1980 e, principalmente, na de 1990, exemplificam essa nova forma de atuação do Estado. Convém lembrar, no entanto, que o Estado está sempre "pronto" a atuar de acordo com o interesse dos setores privados à medida que haja necessidade de uma ação mais direta, a fim de socorrer com empréstimos empresas com dificuldades financeiras. Isso se faz em nome do desenvolvimento econômico, da paz social e da salvaguarda dos empregos existentes.

O segmento da construção civil – o mais fortalecido do circuito do capital imobiliário – estabelece fortes vínculos com o Estado no exercício de suas atividades. Contudo, essas relações raramente são explícitas, ocorrendo, aparentemente, de maneira natural, com o poder público atuando em diversas direções, regulamentando a posse e o uso da terra, direcionando serviços e melhorias para determinadas áreas, por exemplo.

Em geral, os investimentos realizados conduzem a uma valorização da localidade (pode ocorrer o oposto, o que, porém, é mais raro) e também podem suscitar uma dinamização pela intensificação de fluxos de mercadorias, de capitais, de pessoas, por meio da instalação de empresas e da geração de empregos.

As empresas de construção civil têm, com frequência, possibilidades de obtenção de informações e mesmo acesso aos planos de ação do poder público ainda em estudos, podendo, assim, interferir diretamente na elaboração de tais planos, favorecendo-se de antemão. Com isso, conseguem comprar terras baratas em localidades que terão valorização futura, produzida pelos investimentos realizados, de acordo com planos previamente estabelecidos.

O sistema financeiro tem, também, uma importância estratégica na viabilização e sustentação de atividades que privilegiam determinadas localidades para os investimentos, o que colabora para reforçar o padrão excludente de crescimento das cidades brasileiras.

Portanto, o que está sendo ressaltado aqui é que as formas de ocupação do solo nas cidades e mesmo a definição de políticas habitacionais decorrem da intermediação de diferentes interesses: dos proprietários fundiários, das empresas de construção civil, do "promotor imobiliário", do incorporador, do poder público, da população envolvida por meio de movimentos organizados ou não.

A transformação de um bem patrimonial, o terreno, em uma mercadoria comercializável constitui-se em uma das principais atividades do mercado imobiliário, produzindo para compradores específicos, definidos pelo nível de renda, em geral de alto e de médio padrão.

A localização tem um forte peso no estabelecimento desses mercados, sendo um elemento simbólico de posições sociais. Assim, o solo circula como mercadoria, com maior frequência em determinadas partes da cidade. Adquirir terrenos, portanto, é uma condição essencial para que o capital de circulação possa realizar seus investimentos. A política fundiária, então, é um instrumento para a viabilização da política imobiliária.

Para isso, a ação do Estado é determinante. A constituição da propriedade privada em moldes capitalistas, aliás, está na origem do Estado moderno e de sua configuração territorial. Lipietz discute que o Estado, apresentando-se como comunidade ilusória, domina e organiza o espaço do ponto de vista da classe dominante (ou da coalisão de classes).

O aspecto ideológico é também discutido por Bobbio, para ressaltar que o Estado seria um instrumento a serviço da realização de interesses não gerais, mas particulares (de classe). Rodrigues também aponta na mesma direção:

> Se o Estado fosse realmente regulador dos desequilíbrios, a aplicação dos recursos na cidade deveria procurar, como diz o discurso oficial, a eficiência urbana, a justiça social e a modernização dos equipamentos. Mas o que se tem visto são investimentos principalmente em obras pontuais, e que atendem apenas a interesses de frações das classes dominantes ..., provocando um encarecimento das construções, limitando, assim, as condições de aquisição de imóveis para habitação principalmente para as classes populares.[9]

A segregação socioespacial e as possibilidades de superação

Para ser eficiente em relação a seus objetivos sociais, uma política urbana deve alterar os mecanismos da dinâmica especulativa responsável pela *escassez social da terra* urbanizada. Com a produção elitizada, o capital imobiliário *produz e vende* a escassez, isto é, a oferta de imóveis deve ser inferior à

---

9 RODRIGUES, A. M. *Na procura do lugar, o encontro da identidade*. Tese de doutoramento, FFLCH/USP, DG, 1990, p.113.

demanda, o que provoca a elevação dos preços. Essa política de escassez social da terra produzida pela lógica fundiária relaciona-se à venda da diferenciação material e simbólica do espaço urbano (vendem-se ideias: lugares aprazíveis, bucólicos, seguros) baseadas na existência de uma profunda desigualdade social. A segregação socioespacial é, assim, gerada pela disputa por espaços da cidade. Aqueles onde as condições urbanas de vida são consideradas melhores serão os mais caros.

A falta de investimentos sociais e a não implementação de políticas públicas conforme as necessidades sociais e em áreas essenciais, como saúde, saneamento, educação, habitação e transportes públicos abrem possibilidades de novas frentes de luta, como aquelas pelo direito ao espaço geográfico ou à cidade.

O espaço urbano guarda as marcas da desigualdade social, como a não fixação de uma efetiva política social. Talvez porque uma das tendências marcantes dessa fase contemporânea seja a redução progressiva da parcela da economia controlada dentro do país. O comando externo é cada vez maior em virtude da ampliação do campo de ação das transnacionais, e o Estado precisa desenvolver pesados esforços para contrariar essa influência desagregadora.

O que está em questão, portanto, é *se* e *como* o Estado pode reverter essas tendências. Para que isso ocorra é necessário o envolvimento da sociedade civil em um projeto de modificação radical da realidade social.

O exercício do direito de propriedade deveria, por exemplo, estar condicionado ao interesse social no uso de imóveis urbanos e subordinado ao princípio do estado de necessidade. É socialmente necessário que se imponham limitações ao direito de propriedade e ao uso do solo. A análise histórica de como se constituiu a propriedade privada da terra em nosso país reforça o argumento a respeito de se limitar esse direito.

Essas não são reivindicações novas. A reforma urbana não é um projeto recente em nosso país. Fez parte do programa de reformas de base da década de 1950. Nessa época, já se discutia que a solução para o problema da moradia vinculava-se à necessidade de se colocar em prática um planejamento territorial. Entretanto, é na década de 1980, com a entrada em cena dos movimentos sociais, que se avança na tomada de consciência de que a responsabilidade pelas políticas públicas não é apenas competência do Estado. Além disso, com a democratização do país abriu-se a possibilidade de controle da ação estatal por parte da sociedade civil. O processo é de rompimento com a visão instrumental do Estado, a partir de seu entendimento como articulação de relações de forças sociais e territoriais.

A intensificação das ocupações e posses de terras vazias e ociosas sem nenhum uso social, quer públicas, quer privadas, pela população de baixa renda, contestaram a ordem natural não legítima sobre o direito de propriedade.

A articulação entre Estado e sociedade civil – isto é, o Estado ampliado, lugar privilegiado da luta entre diferentes concepções de mundo e interesses sociais – abre novos desafios para os movimentos sociais, que passam a atuar e influir para a formulação de políticas públicas.

O poder público dispõe de vários instrumentos como a reforma urbana, disciplinando o regime de propriedade, intervindo para que o exercício desse direito esteja voltado para beneficiar a coletividade, com base no princípio da função social da propriedade.

O caminho é o da construção de condições dignas de vida, garantindo os direitos fundamentais do morador da cidade; nesse sentido, a reforma urbana pode contribuir para a efetivação da cidadania, o que só acontecerá com a execução de uma política urbana comprometida em assegurar a todo o cidadão condições de vida digna e justiça social.

A execução dessa política urbana dependerá de como evoluirão as relações entre poder público e sociedade civil.

As opções a serem feitas dependem de como evoluirão essas relações. Em um regime em que a democracia encontra-se fortalecida, as transformações espaciais serão fruto dessa relação dialética, do exercício da cidadania em uma democracia renovada, como diz Henri Lefebvre. Porém, quando a democracia não se encontra fortalecida, a luta desenvolve-se em outro nível. Na verdade luta-se para a conquista de direitos que a sociedade burguesa já consagrou há muito tempo. A luta pela sobrevivência passa a ser prioritária em condições de acirramento das contradições urbanas. Contudo, ao mesmo tempo que se torna mais difícil exercer a cidadania, amplia-se o universo de pessoas aptas a exercê-la e é desse embate que os movimentos sociais podem ou não sair fortalecidos.

As contradições urbanas

O aprofundamento das *contradições urbanas* pode acirrar as pressões exercidas pelas camadas populares contra o Estado. Contudo, isso não significa que elas estejam, por si só, na origem dos movimentos sociais. A relação não é linear ou mecânica; se assim fosse toda situação de carência de serviços, de bens ou de infraestrutura geraria uma reação de pressão que poderia, no limite, conduzir a transformações sociais. Graves problemas urbanos sempre existiram. Em muitos países latino-americanos de desenvolvimento industrial igualmente tardio, o processo de crescimento econômico não foi acompanhado de desenvolvimento social e, consequentemente, urbano. Em alguns casos, como em São Paulo ou em Bogotá, a situação piorou a partir da década de 1950.

O conceito *espoliação urbana*, baseado na não acessibilidade aos serviços de consumo coletivo, em virtude da precariedade ou da inexistência destes, fornece subsídios importantes para a análise e para a própria organização dos movimentos sociais. As *experiências* de exclusão social vivenciadas no cotidiano e relacionadas à exploração do trabalhador podem propiciar as condições para a eclosão desses movimentos.

A exploração do trabalho e a espoliação urbana só por razões de facilidade analítica podem ser tratadas separadamente, pois só no plano formal estão separadas as "esferas" da produção (exploração da força de trabalho) e da reprodução da força de trabalho (espoliação urbana). No entanto, os movimentos para a conquista de melhorias urbanas não devem ser interpretados como mero apêndice dos conflitos do mundo do trabalho.

Em contrapartida, as lutas urbanas não podem permanecer isoladas no âmbito da acessibilidade aos bens de consumo coletivo, à terra ou à habitação. É preciso relacioná-las ao empobrecimento proveniente das relações de trabalho. São situações que se encontram e desse encontro pode ocorrer a *fusão de conflitos e de reivindicações*.

Com relação às experiências, vale a pena frisar que não se trata de mero somatório de experiências anteriores: as lutas do passado são referencias importantes, mas o presente é inédito e redefine as forças sociais, gerando novos espaços para desdobramentos futuros.

A espoliação urbana como fator desencadeador de movimentos sociais não deve ser vista apenas como agravamento das condições para a reprodução da força de trabalho. Isto, embora seja verdadeiro, não é suficiente para relacionar as lutas sociais à precariedade das condições de vida.

A espoliação urbana só pode ser entendida como produto histórico que, ao se alimentar de um sentimento coletivo de exclusão, transcende a lógica relacionada pura e simplesmente à expansão do capitalismo e produz uma percepção de que algo está faltando e é socialmente necessário. Com isso temos a revalorização da "subjetividade social". As vivências e as interpretações de situações concretas permitem que os movimentos sociais formulem um discurso carregado de simbologia, com o uso de palavras como *injustiça*, *indignidade*, ou *imoralidade* para se referir à *espoliação urbana*.

A tendência à homogeneização espacial e os contrapoderes

A produção de equipamentos coletivos (estrutura viária, rede de abastecimento de energia elétrica, água, coleta de esgoto, telecomunicações, educação, saúde etc.) contribui para certa homogeneização do espaço geográfico, comandada pelo capital financeiro sem, entretanto, prescindir da ação do Estado. Felix Guatari analisa esse processo como uma espécie de *alisamento territorial*, correlato, para ele, da chamada *desterritorialização* que ocorre com as transformações de territórios diferenciados em espaços homogêneos, massificados, onde as possibilidades de intervenção individual ou de pequenos grupos tornam-se cada vez mais restritas.

Para Guatari, é na relação entre cidade e equipamentos coletivos que ocorre esse "alisamento". A ação do Estado viabiliza-o pelos fluxos de circulação (de capitais, mercadorias, pessoas, informação etc.) que ocorrem sobre os sistemas fixos, isto é, que ocorrem através dos equipamentos coletivos. A chamada desterritorialização se dá quando os equipamentos coletivos propiciam a criação de nós de uma rede de fluxos que cobrem todo o espaço, homogeneizando-o e recalcando a possibilidade de criação de territórios individuais e diferenciados, dificultando as manifestações de grupos considerados minoritários.

O "alisamento" pode ser feito por diferentes tecnologias; pelo Estado ou pelos agentes privados e de acordo com diferentes concepções estratégicas. Uma forma de *alisar* o território é difundir padrões de consumo e de comunicação (tomar Coca-Cola, ir ao McDonald's, ao shopping center, morar no condomínio fechado, assistir à rede Globo, às novelas etc.).

Trata-se de um fenômeno contemporâneo e significa uma *reterritorialização* artificial: vemos o mundo e dele "participamos" pela tela de TV, do para-brisa do carro, ou das grades do condomínio que anulam a iniciativa individual, com uma organização espacial cada vez mais "hipercodificada, sobrecodificada e pré-codificada".

Na análise de Guatari a resistência, porém, sempre é possível, criando-se *territórios-existenciais* ou microterritórios a partir das manifestações contra a dominação, com o desvio da finalidade de certos equipamentos por forças internas, funcionando como *contrapoderes*.

Considerando outra possibilidade de abordagem, essas *forças internas* possibilitariam o desenvolvimento de *influências locais*, impondo certa reorientação à atividade do poder.

O território, para Guatari, é próprio do sujeito e da subjetividade que o delimita. É resultado de relações de dominação e de insubmissão. As primeiras produzem arquiteturas disciplinares e enquadradoras, como as estudadas por Foucault, já as segundas representam formas particulares de apropriação; vivências cotidianas específicas que produzem novas territorialidades – perspectiva que não existe na análise de Foucault, na qual o sujeito entra em uma engrenagem que elimina sua individualidade. Quando ocorre a possibilidade de desenvolver contrapoderes, estes acabam por se enredar também na engrenagem reprodutora.

Entre as vivências cotidianas específicas, Guatari enfatiza alguns movimentos contestatórios, que surgem nas cidades e os quais poderíamos chamar de culturais, como o dos grafiteiros, ou o dos rappers – manifestação sociocultural mais recente, mas que, com certeza, representa aquilo que o autor chama de *manifestações da subjetividade contrariando a ordem dominante*.

A produção de territorialidades novas significa uma nova *geografização* sobre a configuração territorial. Outra lógica de organização territorial pode se contrapor às formas de dominação territorial presentes no espaço urbano, traduzidas na segregação social e espacial.

Pelo que já vimos, podemos concluir que a ação do Estado não impossibilita o desenvolvimento de forças internas que se oponham a seu poder. Essas forças podem romper com a reprodução dos processos de dominação pela formação de uma *contra-hegemonia* capaz, em determinados momentos, de ocupar o lugar da antiga hegemonia e se tornar um modelo cultural nacional e de consenso.

4 Sociedade civil e cidadania

A ação do Estado e da sociedade civil

O conceito de sociedade civil tem sido muito empregado ao longo da História, embora seja um conceito muito amplo e repleto de ambiguidades. Por exemplo, para o Banco Mundial, a sociedade civil é regida pela ética do mercado; já para os movimentos populares, é um espaço de participação democrática, no qual os grupos mais espoliados podem exercitar outra ética, relacionada à justiça social.

Com o Estado moderno, a partir dos escritos de Hegel, a sociedade civil foi sendo identificada como um espaço social situado, de um lado, em que, de outro, estaria o Estado. Já para Marx, identifica-se com o conjunto das relações sociais, das relações econômicas que condicionam as demais. De qualquer forma, a distinção Estado/sociedade civil foi elaborada de acordo com as condições econômicas, sociais e políticas dos países centrais em um período bem definido de sua história.

Engels, em *A origem da família, da propriedade privada e do Estado*, relaciona o nascimento do Estado à necessidade de conter o antagonismo de classe. Regra geral, representaria o interesse da classe mais poderosa, dominante econômica e politicamente, que adquire novos meios para a repressão e para a exploração da classe oprimida. Esse autor reconhece que, em determinados períodos, a luta de classes se equilibra de tal modo que o poder do Estado, como mediador aparente, adquire certa independência momentânea diante das classes sociais.

Engels ainda considera o Estado não como um poder que se impôs à sociedade, de fora para dentro, mas, sobretudo, como um produto da sociedade, envolto em uma contradição que não consegue solucionar. O Estado torna-se necessário como poder, aparentemente acima da sociedade, para amortecer o choque e para a manutenção da "ordem". Pela instituição de uma força pública, derivada da divisão da sociedade em classes, procura impedir qualquer rebelião armada da população.

Para nós, o importante a destacar na análise de Engels é a consideração do Estado como agente da organização espacial, na medida em que agrupa seus súditos de acordo com uma divisão territorial. Enfatiza que essa força chamada Estado, embora proveniente da sociedade, coloca-se acima dela, se afastando dela cada vez mais.

Portanto, na compreensão destes autores, Estado e poder público não correspondem diretamente à população e se organizam, por isso, como força armada e instituições coercitivas.

Gramsci procura uma resposta para essa questão, e por isso elabora a diferenciação entre *sociedade política* e *sociedade civil*. Busca o entendimento das relações entre Estado, governo e sociedade civil, pelo conceito de hegemonia.

Para ele, a hegemonia política relaciona-se ao fato de que o grupo social que fundamenta um novo Estado é essencialmente de ordem econômica, com o objetivo de reorganizar a estrutura e as reais relações entre os homens e o mundo econômico ou da produção. Entretanto, ressalta algo de suma importância: não é correto considerar Estado e governo sinônimos, pois essa identificação liga-se à confusão que se faz entre sociedade civil e sociedade política. O Estado representa a sociedade política com a sociedade civil, sendo que a hegemonia aparece revestida de coerção. A divisão de poderes é "o resultado da luta entre a sociedade civil e a sociedade política de um determinado período histórico, com um certo equilíbrio instável de classes".

É em virtude da separação entre sociedade civil e sociedade política (de ordem metodológica apenas) que se coloca para Gramsci a necessidade de discutir a questão da hegemonia. Há duas realidades que recobrem as relações econômicas: a *sociedade política,* de um lado, e a *sociedade civil,* de outro, composta pelas instituições das quais participam os indivíduos e destinadas a produzir um consenso. Fazem parte da sociedade civil a escola, os meios de comunicação (jornais, rádio, TV), as instituições religiosas, as associações de classe, os movimentos organizados etc., situando-se entre o Estado e o mercado.

A sociedade política, por meio do aparelho ideológico hegemônico, exerce a direção e mantém a liderança ideológica sobre a "sociedade civil". Ao elaborar a separação metodológica entre sociedade política e sociedade civil, Gramsci não está preocupado, apenas, com a distância entre esses dois níveis de superestrutura. Pretende evidenciar a complexidade, a articulação e a relativa independência das instituições, das organizações, das formas de consciência, da ideologia, enfim, com relação à base econômica, por meio das quais se expressa o poder de uma classe. O reino da ideologia "é uma prisão de mil janelas... cuja força reside menos na coerção que no fato de que suas grades são tanto eficazes quanto menos visíveis se tornam. É esse ato da vida do Estado que Gramsci busca elucidar".[1]

---

[1] MACCIOCHI, M. *A favor de Gramsci*. Rio de Janeiro: Paz e Terra, 1977, p.151.

A conceituação de Estado gramsciana, estabelecendo a distinção entre sociedade civil e sociedade política, deve ser entendida a partir do exercício da hegemonia por um grupo social sobre o conjunto da sociedade nacional, por meio das instituições ditas privadas (as instituições da sociedade civil), como a igreja, o sindicato, a escola etc. Uma determinada classe social pode tornar-se hegemônica, conquistando o consenso e impondo-se como dirigente, antes mesmo da tomada do poder governamental. Após a tomada do poder, mesmo se o detém firmemente, o papel dominante não deve fazer perder a função dirigente.

O que está em discussão é o deslocamento da base histórica do Estado. A sociedade pode conservar ou perder sua hegemonia na luta contra o novo, ou como expressão do novo, para destruir as resistências que encontra em seu desenvolvimento. Gramsci constata que a força por si só não basta para o exercício do poder. Só é possível exercê-lo se, além das relações de força, a classe dominante obtém o consenso dos grupos sociais que lhe estão próximos ou são seus aliados. A hegemonia realiza-se dentro desse "bloco histórico".[2]

Nesta análise, o Estado não é considerado um instrumento, nem a encarnação de uma classe, mas a condensação material e histórica de relações de força, que possibilitam a concretização de conjunturas políticas diversas, que levam às diferenciações regionais e locais.

Pela concepção burguesa, a sociedade civil é um elemento fundamental para sua estratégia de classe. É o lugar no qual se exercitam as liberdades, sendo a principal a liberdade de empreendimento, considerada a fonte de todas as outras liberdades. As instituições têm o papel ideológico de reprodução da sociedade. As organizações voluntárias, de caráter privado, fazem parte da sociedade civil e devem su-

---
[2] MACCIOCHI, M., op. cit.

prir as carências do sistema. O Estado tem as funções de fornecer o quadro jurídico que garante a propriedade privada e o livre exercício do empreendimento; de assegurar o funcionamento da reprodução social (educação, saúde) e de proteger os indivíduos.

Portanto, a ética da sociedade civil na *concepção burguesa* é a do mercado, que poderia cumprir da melhor maneira possível o papel de regulador universal das atividades entre os homens. Assim, a sociedade civil reproduziria a relação social que assegura a superioridade da classe hegemônica, isto é, da burguesia. "Isto permite canalizar institucionalmente a demanda social de grupos e de classes fragilizadas e fragmentá-las. É fácil cooptar certas organizações voluntárias, religiosas ou laicas, sobretudo nas ações de alívio à pobreza".[3] Há, ainda, outra *concepção ingênua* de sociedade civil, que seria a organização dos cidadãos que querem o bem e desejam atuar contra as injustiças do mundo. Dela fazem parte os grupos fragilizados, as Organizações Não governamentais (ONGs), o setor não mercantil da economia e as instituições de interesse comum, educativas, de saúde e filantrópicas. Seria uma espécie de *terceiro setor*, funcionando ao lado do Estado. Embora os sentimentos que mobilizam esses cidadãos correspondam a necessidades verdadeiras, essa concepção não leva à superação da lógica ou das relações sociais que produzem tais situações de injustiça. Essas pessoas, em geral, não reconhecem a origem dos problemas, contra os quais se manifestam, nas relações sociais criadas pelo capitalismo e cuja reprodução é indispensável à sua manutenção, não produzindo, portanto, uma crítica a respeito da lógica do capitalismo. Nesse sentido, suas práticas são ineficazes, reencontrando facilmente

---
[3] HOUTART, F. *A dimensão social.* Mundialização das resistências: o estado das lutas 2003. AMIN, S. e HOUTART, F. (Orgs.). São Paulo: Cortez, 2003, p.312.

as concepções burguesas de sociedade civil, podendo ser cooptadas pelas empresas transnacionais ou por instituições como o Banco Mundial ou o FMI.

Há, ainda, a *concepção popular* de sociedade civil. A chamada *sociedade civil de baixo*, representando os grupos sociais mais desfavorecidos ou oprimidos. Para essa concepção, a sociedade é entendida através das relações sociais que produzem as desigualdades. As instituições e organizações existentes na sociedade podem representar interesses de classes divergentes. Os grupos dominantes, por exemplo, agem mundialmente, utilizando os Estados para controlar as populações e a sociedade civil. Isso pode ser feito mediante limitações dos fluxos imigratórios provenientes de países pobres para os mais ricos, ou por meio do apoio aos tratados de livre mercado, às privatizações da seguridade social e dos serviços de saúde, às reformas jurídicas do ensino, à diminuição de subsídios para a pesquisa social e de apoio às organizações populares, à imposição de tutela sobre as ONGs etc.

A sociedade civil de baixo está na base das resistências que se organizam atualmente e se mundializam. Luta pela cidadania para aqueles que foram dela excluídos.

Boaventura Santos ressalta que contemporaneamente a sociedade civil tem sido alvo de muitas discussões teóricas. O pensamento político conservador analisa-a como se estivesse por toda parte, reemergindo do jugo do Estado e com autonomia em relação a ele, capacitando-se para o desempenho de funções que antes estavam confiadas ao Estado. Esse tipo de interpretação aceita a distinção entre o Estado e a sociedade civil e se baseia na concepção liberal clássica de sociedade civil (na qual predominam os interesses econômicos privados).

Ressalta, entretanto, que para uma outra concepção é delegada à sociedade civil a organização dos novos movimentos sociais (ecológicos, antinucleares, pacifistas, feministas). Seria uma sociedade civil pós-burguesa e antimaterialista. Essa concepção de sociedade civil não foi pensada pela distinção Estado/sociedade civil tal como ela se constitui historicamente.

Para Boaventura Santos, o discurso dominante sobre o fortalecimento contemporâneo da sociedade civil faz parte do reajustamento estrutural das funções do Estado, substituindo o intervencionismo do Estado do Bem-estar Social por outro tipo de intervencionismo, mais autoritário e mais complacente com as exigências dos setores econômicos dominantes.

Isso só é possível com o uso da noção do "econômico" como um domínio separado e autônomo e das correspondentes noções do "político" e do "jurídico" como atributos exclusivos do Estado. Parece que no capitalismo o trabalho necessário e o sobretrabalho (do qual advém a lucratividade do empresário) reproduzem-se por si, na esfera privada da fábrica. Assim parece que não compete ao Estado e à política lidar com as relações de produção, as quais se restringiriam a uma questão econômica e privada entre indivíduos privados na sociedade civil. Essa seria a origem da concepção liberal de separação entre Estado e sociedade civil. Para Boaventura, ainda, a separação entre o político e o econômico permitiu a naturalização da exploração econômica capitalista.

Movimentos Sociais Urbanos e sociedade civil

A PARTICIPAÇÃO DA IGREJA CATÓLICA

Durante a ditadura militar, a Igreja Católica foi um apoio institucional importante para os movimentos populares, por intermédio de sua *ala progressista* ligada à Teologia da Libertação. Tal atuação foi fundamental para que os movimentos pudessem se reunir nos bairros, uma vez que lhes cedia os salões paroquiais e dava apoio espiritual e político para as camadas populares urbanas, que podiam contar com a capacidade organizativa da Igreja Católica.

A ação *basista* da Igreja, conforme analisado por Ana Maria Doimo, baseava-se na ação direta, partindo do cotidiano das camadas populares. A luta fundamentava-se na garantia dos direitos elementares dos cidadãos: *posse, abrigo, proteção,* de acordo com as teses defendidas pelo Concílio Vaticano II.

Mesmo antes, no início da década de 1960, a encíclica do Vaticano *Mater et Magistra* pregava a "autonomia" da sociedade em relação ao Estado, além da necessidade de se criarem "corpos e organismos intermediários" para revitalizar a *sociedade civil*, por meio do estímulo à participação e à autodeterminação. Com a encíclica *Populorium Progressio* essas posições da Igreja foram reafirmadas e, no país, a Conferência Nacional dos Bispos do Brasil (CNBB) desempenhou um papel fundamental ao criar as Comissões *Justiça e Paz* e ao fundar instituições autônomas como o Conselho Indigenista Missionário (CIMI) e a Comissão Pastoral da Terra (CPT).

> A ideia do "povo como sujeito de sua própria história" ganha, pois, cada vez mais corpo e tudo convergia para ... a capacidade de auto-organização popular no sentido de engendrar, por si mesma, os elementos portadores do futuro.[4]

É importante ressaltar que o trabalho da Igreja não se restringiu às ações de apoio de ordem espiritual e prática, com as assessorias técnica e jurídica, mas também houve a preocupação em aprofundar o conhecimento teórico sobre a sociedade. O reconhecimento, por parte da Igreja, da impor-

---
4 DOIMO, A. M., op. cit., p.86.

tância que os problemas urbanos assumiam no cotidiano dos moradores das cidades fez que a Arquidiocese de São Paulo encomendasse um importante e muito bem fundamentado estudo sobre a cidade de São Paulo – *São Paulo 1975: crescimento e pobreza* (Camargo et al., 1976) – elaborado pelo Centro Brasileiro de Análise e Planejamento (Cebrap), em convênio com a Comissão Justiça e Paz.

"Descobrir o direito da gente": esta era a palavra de ordem dos agentes pastorais que faziam um trabalho missionário junto aos oprimidos, o que levou os movimentos populares mais dinâmicos e representativos a se ligarem à Igreja Católica.

Na década de 1970, com o apoio da Igreja, surgiu o Movimento de Defesa do Favelado (MDF) na Zona Leste paulistana, mais especificamente no bairro do Belém. Gradativamente, esse movimento adquiriu caráter nacional, contribuindo na luta pela *Reforma Urbana, mediante a* colaboração na elaboração da proposta popular entregue em Brasília para o Congresso Constituinte.

Mas, mesmo assim, a Igreja Católica continuou tendo uma forte inserção nos movimentos sociais. A CNBB analisou, por exemplo, as características de crescimento das cidades vinculadas ao processo de concentração de terras e de renda, posicionando-se pela luta por moradia e por justiça social, explicitando a chamada função social da propriedade.[5]

> *Função social da propriedade urbana*
>
> A função social da propriedade urbana é dada pela destinação social, relacionada à garantia de que todos tenham acesso à moradia digna, evitando-se a concentração abusiva da propriedade da terra e impedindo que imóveis fiquem vazios ou abandonados.

---

[5] RODRIGUES, Arlete Moisés. *Na procura do lugar o encontro da identidade*. Tese de doutoramento. USP. FFLCH. Depto. de Geografia.

A Igreja passou a apoiar diversas formas de organização e mobilização popular. Por meio das Comissões de Justiça e Paz, Pastoral da Terra, Pastoral de Favelas, Centros de Defesa dos Direitos Humanos e das Comunidades Eclesiais de Base (CEBs) realizava a ação evangelizadora entre os pobres na luta contra as injustiças sociais.

Posteriormente, sobretudo a partir da década de 1990, os vínculos entre os movimentos populares e a Igreja começaram a se esgarçar, e muitos desses movimentos romperam com a Igreja por causa do excesso de controle exercido por esta. O crescimento desses movimentos e o aprofundamento da luta impunham novas práticas, tornando superadas aquelas impostas pela Igreja; com isso, o trabalho pastoral da Igreja começou a se desarticular:

> Tendo desempenhado um papel importante em alguns países, os movimentos dos cristãos de esquerda ou a Igreja dos pobres foram, durante o mais recente período do neoliberalismo, objeto de forte repressão eclesiástica. As comunidades de base diminuíram de importância, principalmente por falta de espaço na Igreja Católica ... A crescente importância dos movimentos conservadores, no interior do catolicismo, oculta uma ação que, apesar de marginalizada, não parou de existir.[6]

A PARTICIPAÇÃO DOS PARTIDOS POLÍTICOS

A articulação entre movimentos populares e partidos políticos não é, necessariamente, direta. Para alguns, o partido é mais importante que o movimento e tem como tarefa a conscientização dos participantes dos diversos movimentos. É o que se chama de atrelamento, ou aparelhamento, ou instrumentalização do movimento: usa-se o movimento para

---

6 CLACSO e CETRI. A América Latina. *Mundialização das Resistências*: o estado das lutas 2003. AMIN, Samir e HOUTART, François, (Orgs.). São Paulo: Cortez, 2003, p.166.

conquistar adeptos para a causa, ou membros e eleitores para a agremiação.

Para outros, o movimento deve ser autônomo em relação aos partidos, articulando-se estrategicamente a eles, sendo que a consciência é adquirida na luta cotidiana.

Em geral, a vinculação dos partidos com os movimentos concretos ocorreu via assessorias política e técnica. Não raro, em um mesmo movimento, havia a concomitância de atuação de partidos políticos e da Igreja Católica. Não raro ocorriam disputas pela liderança ideológica do movimento, em que se procurava envolver as lideranças locais com este ou aquele partido ou com uma determinada ala da Igreja, estabelecendo-se um campo ideológico a partir do qual iam se definindo as estratégias de luta.

Em um primeiro momento, na década de 1980, os movimentos populares no Brasil fundiram-se aos partidos de oposição com propostas políticas contra o regime ditatorial – o denominador comum era a luta pela redemocratização da sociedade.

Aos poucos amadureceu a ideia da formação de um partido político que representasse o interesse dos trabalhadores e dos movimentos populares. A construção de um partido político de caráter popular precisava romper com o ponto de vista que defendia "a organização autônoma e independente" dos movimentos populares. A interação entre estes e os sindicatos, iniciada com o apoio dos movimentos populares e dos setores progressistas da Igreja à greve dos metalúrgicos do ABCD paulista, em 1980, contribuiu para tornar essa ideia viável. Além disso, o sindicalismo, portador, até essa data, de um discurso hostil à Igreja, começou a perceber nela um aliado.

No meio intelectual crescia a ideia da necessidade de um partido articulado aos movimentos sociais que fosse suficientemente democrático para abrigar diversos tipos de interesses. Para isso, foi fundamental a articulação feita por Frei Betto[7] entre o universo sindical e o popular a fim de tornar viável a ideia de criação de um partido com as características mencionadas.

> Foi criada uma espécie de Organização Não Governamental (ONG), a *Articulação Nacional de Movimentos Populares e Sindical*, a Anampos – com o objetivo de congregar o popular e o sindical em uma mesma entidade formal. Mas esta ideia não frutificou. Um dos motivos foi o descompasso entre os dois movimentos: o movimento sindical, institucionalmente consolidado, e o movimento popular, refratário a qualquer institucionalização.

Depois da formação do Partido dos Trabalhadores e, em, especial, depois da vitória eleitoral dessa agremiação, em 1988, em diversos municípios do país, surgiu a questão da atuação e da vinculação dos movimentos populares aos governos eleitos. Em vários municípios, as Prefeituras criaram os Conselhos Populares com o objetivo de "governar com a participação popular". A democracia política seria assim contemplada por uma rede organizada de movimentos populares. Os Conselhos Populares deveriam ter autonomia em relação aos partidos políticos e seriam vinculados aos movimentos sociais. Esses Conselhos foram implementados em Campinas (administração de Jacó Bittar, então do PT), como em São Paulo (administração de Luísa Erundina, também do PT na época).[8]

Entretanto, tais propostas não frutificaram porque não se percebeu que o espaço da política não pode ser um mero prolongamento dos movimentos sociais. Com essa prática

---
[7] Padre Dominicano, atuante no movimento popular a partir da década de 1970 e assessor especial do governo Lula para o Programa "Fome Zero", no início do primeiro mandato.
[8] DOIMO, A. M., op. cit.

se trocava o velho *clientelismo* pelo *corporativismo movimentalista* que decidiria de acordo com seus interesses particulares a distribuição seletiva dos bens públicos.

O espaço da política e da administração pública é regido por um conjunto de regras aceitas com base em um consenso político e pela negociação política das diferenças, ao passo que o espaço dos movimentos sociais é informal, regido por lealdades pessoais, solidariedade e também pelo consenso.

Na relação entre o poder público e os movimentos sociais pode também haver a tentativa de cooptação ou de desestabilização. Na capital paulista, o poder público local, tentando cooptar as lideranças das favelas, criou, em 1983, na Câmara Municipal, uma Comissão Especial de Melhoria de Vida nas Favelas (CEI de Favelas), que deu origem ao *Conselho Coordenador de Favelas* – Corafasp – com o objetivo de trabalhar com as lideranças dos moradores em favelas.

Paralelamente, foi composta uma Comissão Especial de Inquérito de Habitação, sob a presidência de Luíza Erundina, então vereadora do PT. Foram retomadas as questões levantadas pelos movimentos populares incluídas na proposta de Iniciativa Popular sobre a Reforma Urbana, que resumidamente eram: baixar o preço da terra urbana em São Paulo, mediante a atualização de seu valor venal; estabelecer um Imposto Predial e Territorial Urbano (IPTU) progressivo sobre terrenos vazios; criar leis para impor aos proprietários uma destinação social aos terrenos; propor um plano diretor; promover a construção de habitações populares em áreas urbanizadas; ocupar com loteamentos públicos e privados as terras já vazias com infraestrutura; reconhecer o direito de posse dos ocupantes sem terra; controlar e orientar os investimentos públicos para o atendimento de necessidades sociais.

É importante ressaltar que a CEI da Habitação não propôs nenhum mecanismo de interferência nos movimentos populares, como fez o Corafasp, respeitando o princípio de autonomia dos movimentos populares, que não aceitavam vínculos partidários, pelo menos explicitamente.

Na verdade, o que ocorreu foi que, com o fim do regime militar, os movimentos populares passaram a encontrar outro tipo de dificuldade: as diferenças ideológicas explicitaram-se e demarcaram também as diferentes propostas e estratégias para o encaminhamento das lutas.

A tensão permanente entre movimentos e partidos e a perda da unidade de objetivos levaram à fragmentação do movimento popular. Dois projetos políticos ficaram bastante nítidos: o primeiro, dos próprios movimentos, de conteúdo *transformador*, e outro, de caráter *reformista*, do Estado e de certas alas do movimento popular, articuladas aos setores que ascenderam ao poder.

Na dinâmica dos movimentos sociais há várias possibilidades: um mesmo movimento, com o mesmo perfil de participantes, pode optar por diferentes encaminhamentos ou estratégias, dependendo da conjuntura. Desse modo, um mesmo grupo social consegue, em um determinado momento, deslegitimar a autoridade pública, ou lutar para conquistar maiores níveis de integração social pelo acesso a bens e serviços. Em sistemas políticos autoritários pode, por exemplo, contestar o sistema político vigente, e, em regimes mais democráticos, em que o sistema político é mais sensível às reivindicações, pode assumir formas de participação mais institucionalizadas.

Entre os vários movimentos surgidos nesse período que lutavam pelo direito à moradia o MDF vinculou-se mais à Igreja Católica. Outro movimento muito parecido com esse foi criado, Movimento Unificado da Favela (MUF), no qual a participação partidária de militantes do PT é maior. Esses movimentos não aceitavam a remoção das favelas; propunham a urbanização destas; a concessão do direito real de uso, sem pagamento de impostos, por noventa anos, em favelas localizadas em áreas públicas e usucapião urbano para as favelas localizadas em áreas particulares.

O partido que mais se envolveu com os movimentos populares nesse período, por meio de sua militância, foi o Partido dos Trabalhadores, pois considerava que tais movimentos proporcionavam saldos organizativos e políticos. As *experiências* dos trabalhadores organizados em suas entidades de classe e nas associações por local de moradia lhes davam não apenas condições de luta, mas de participação nas decisões. O PT partia do princípio de uma única luta – a sindical e a popular –, pois aquilo que os trabalhadores podiam ganhar com suas vitórias sindicais podiam perder na hora de consumir os bens e os serviços.

De qualquer forma, ocorreu, nesse período, uma ampliação da esfera do político, embora algumas lideranças dos movimentos populares urbanos começassem a questionar as vinculações às estruturas partidárias. De fato, "todos os movimentos urbanos têm as suas articulações partidárias". Mesmo que os vínculos formais com os partidos não sejam explícitos, há um processo de luta interna pelo controle dos movimentos pelos partidos, como já destacamos.

AS ORGANIZAÇÕES NÃO GOVERNAMENTAIS E A FORMAÇÃO DE REDES SOCIAIS

As *redes sociais*, por meio das quais circulam as informações, se concretizam partindo do desenvolvimento das ações específicas de cada um dos movimentos sociais. É assim que, concretamente, se formam algumas ONGs, constituídas no processo de interação entre os diversos grupos e instituições. Embora as ONGs não possam ser consideradas movimentos sociais – tendo, em certos casos, um caráter mais amplo, de lutas no campo da política, contra a repressão, por exemplo, do fim do período militar, ou em defesa do meio ambiente ou de direitos considerados universais —, muitas se originaram de movimentos populares ou foram criadas em decorrência de demandas relacionadas ao campo popular, tanto no meio urbano como no rural.

As ONGs atuam por fora dos canais convencionais de participação política, têm uma base social dispersa e indefinida, e muitas são formadas por pessoas dispostas a participar de movimentos reivindicativos e de solidariedade. Outras surgem com o intuito único e exclusivo de captar recursos para a prestação de serviços, por um determinado grupo de pessoas que se reúnem com essa finalidade de caráter eminentemente particular.

É a partir da década de 1990 que proliferaram em todo o país, criadas, em geral, para lutar contra os mais variados problemas sociais, econômicos e ambientais. Ou, ainda, são formadas para congregar pessoas e organizar a atuação destas em determinada linha temática ou em determinado lugar, muitas vezes realizando trabalhos de caráter assistencialista, funcionando mais ou menos como associações mais tradicionais, como o Rotary e Lion's Club. Algumas ONGs mais *avançadas*, contudo, procuram praticar a solidariedade e não apenas o assistencialismo, em que as pessoas são vistas como objeto e não sujeito da ação.

As ONGs, no Brasil, beneficiam-se de uma legislação que lhes concede isenções tributárias, justamente por serem consideradas de interesse público e social, e também recebem doações ou aplicações de recursos financeiros provenientes, na maioria das vezes, do exterior, em prol de determinadas causas consideradas sociais. Inicialmente surgiram para contestar o regime militar e estabeleceram-se de forma autônoma, longe das grandes instituições políticas, e muitas adquiriram visibilidade ao longo dos anos. Outras aparecem e desaparecem com relativa facilidade, dependendo da natureza dos projetos que implementavam.

Podem ser caracterizadas por atuação pulverizada, muitas não explicitam quais são suas fontes de recursos numerosas e suas redes de interconexão. A partir da década de 1990, ganharam mais visibilidade, tentando superar a chamada "síndrome da clandestinidade" que marcara seus primeiros anos, com a criação de associações formais, como a Associação Brasileira de ONGs (Abong), fundada em 1991. Até o final dos anos 1980, a maioria delas se enquadrava nas atividades de "assessoria", pela "relação direta com a base".[9, 10]

Várias dessas ONGs originaram-se da atuação no movimento popular, a princípio vinculadas à ala progressista da Igreja e ao ecumenismo, com ramificações em escalas local, nacional e internacional, estabelecendo *redes sociais* através da interação entre lutas específicas, como contra a alta do custo de vida, por creches, por transportes coletivos eficientes, pela saúde, por saneamento básico e por moradia.

Ainda durante o regime ditatorial formou-se uma rede de solidariedade a distância, o Serviço de Intercâmbio Nacional (SIN), originário do Centro de Direitos Humanos, a qual era acionada sempre que uma rede social local estivesse em dificuldades, em virtude da repressão ou da omissão do Estado.

As redes do movimento popular foram surgindo pelas relações interpessoais e pela interação de grupos diferenciados. Realizavam encontros entre membros das redes locais e cursos para o aprimoramento pessoal de seus membros e também para difundir valores éticos, como a lealdade com o grupo. Para isso foram criadas associações, como a

---

9 DOIMO, A. M., op. cit.
10 Associações filantrópicas tradicionais como estas existem há muitas décadas e, portanto, são anteriores à legislação das ONGs. Foram criadas novas leis, como a das Organizações Sociais (OSs) mais atreladas ao Estado, e das Organizações da Sociedade Civil de Interesse Público (OSCIPs), todas segundo os parâmetros do Novo Código Civil. Assim todas as associações e entidades, mesmo as mais antigas, precisaram se adaptar à nova legislação.

Associação Difusora de Treinamento e Projetos Pedagógicos (Aditepp), entre centenas de outras espalhadas pelo país, mantidas por "projetos", financiados, muitas vezes, por "agências de colaboração internacional" ou apenas de ajuda.

A Aditepp, nos estados do Rio Grande do Sul, Santa Catarina, Mato Grosso do Sul e São Paulo, e o Instituto de Estudos da Religião (ISER), no Rio de Janeiro, procuram dar assessoria aos movimentos, promover seminários, contatos e intercâmbios com redes locais em torno de vários temas, como diversidade cultural, marginalidade e cidadania. O ISER, em particular, incorpora temas como negritude, prostituição, AIDS, feminismo, lixo, judaísmo, islamismo, situação carcerária etc.

Há, ainda, a preocupação com a formação de "agentes" de acordo com os princípios da "educação popular" inspirada no método desenvolvido por Paulo Freire e nas pastorais da Igreja progressista. O Centro Ecumênico de Serviços, Evangelização e Educação Popular (Cesep) destaca-se pela atuação na "formação de formadores", recrutando seus "alunos" pela rede ecumênica para cursos em torno de quatro eixos: bíblico, teológico, pastoral e a relação entre Igreja e sociedade. A cúpula da Igreja progressista faz parte de seu corpo de conselheiros, o que lhe confere grande respaldo moral.

Além das redes de intermediação de projetos, há mais quatro tipos de redes temáticas: de produção de saber técnico-competente, de recursos comunicacionais, de memória ativa e de solidariedade a distância.

A origem de entidades ligadas ao campo científico – que se organizam como centros de pesquisa –, sobretudo nas décadas de 1970-80, pode ser vinculada às dificuldades do exercício da pesquisa e da crítica social nas principais universidades brasileiras, durante a ditadura militar. Renomados intelectuais foram obrigados a realizar suas pesquisas fora do âmbito universitário, já que alguns foram aposentados compulsoriamente pelos militares e outros, impedidos de ser contratados. Por essa razão foram criados o Centro Brasileiro de Análise e Planejamento (Cebrap), o Centro de Estudos de Cultura Contemporânea (Cedec), o Instituto Brasileiro de Análises Sociais e Econômicas (Ibase) e o Instituto de Estudos, Formação e Assessoria em Políticas Sociais (Polis).

Por um convênio estabelecido entre o Cebrap e a Comissão de Justiça e Paz (CJP) foram produzidos três livros que reconhecidamente forneceram importantes e preciosos subsídios para os movimentos populares: *São Paulo 1975: crescimento e pobreza* (Camargo et al., 1976), *São Paulo: O povo em movimento* (Singer & Brant, 1980) e *São Paulo: trabalhar e viver* (Brant, 1989).

Muitos dos pesquisadores desses centros eram militantes anônimos, fato compreensível durante o período em que predominavam as práticas repressivas. Mesmo depois da abertura política o anonimato continua sendo praticado, agora associado à natureza privada dessas instituições ou à crise de referências que atingiu a própria esquerda.

O Ibase, de acordo com a orientação de um de seus fundadores, o sociólogo Herbert de Souza, o Betinho, é um exemplo de organização que assessorava os movimentos, procurando não impor seu pensamento e não participar de suas decisões políticas. Entretanto, muitas outras não adotaram esse tipo de relação de respeito à autonomia de cada movimento social.

Assim, surgiram novas redes mais abrangentes formadas por membros de redes específicas, que atuaram de acordo com diretrizes gerais estabelecidas em situações conjunturais, como a articulação feita entre entidades ou organizações em escala nacional durante a reforma partidária de 1979-80 e durante o Congresso Constituinte, entre 1985-

87. São exemplos a Coordenadoria Ecumênica de Serviço (Cese), o Movimento Nacional de Direitos Humanos (MNDH), a Articulação Nacional do Solo Urbano (Ansur), o Instituto Brasileiro de Desenvolvimento (Ibrades) e a Associação de Geógrafos Brasileiros (AGB), entre outros.

Com isso, foi possível que muitos movimentos populares locais refratários à participação política institucional se mobilizassem e contribuíssem com a elaboração de emendas populares aos projetos da nova Constituição. Por exemplo, os movimentos de Mulheres do Campo e da Cidade, de Crianças, de Negros, das Lavadeiras, dos Trabalhadores Urbanos, de Moradia e outros, reunidos por temas (saúde, moradia, trabalho, educação, direitos humanos, Igreja), organizaram suas reivindicações para serem levadas à Assembleia Nacional Constituinte.

Estas redes todas se caracterizam pela atuação de militantes que agem em um mesmo campo, em que são valorizadas as relações cotidianas e interpessoais, promovendo a articulação entre os movimentos através da "troca de experiências", incutindo a disposição de luta continuada e induzindo a que os indivíduos sintam-se como "sujeitos de suas próprias ações".[11]

---

11 DOIMO, A. M., op. cit.

5 Os movimentos urbanos no Brasil

Neste capítulo trataremos dos movimentos urbanos mais significativos ocorridos no país depois da década de 1970. Entre eles destacamos, inicialmente, as greves dos metalúrgicos ocorridas no fim dessa década e no início da seguinte em alguns municípios da área metropolitana de São Paulo: Santo André, São Bernardo do Campo, São Caetano do Sul e Diadema (o ABCD paulista); em seguida, os movimentos contra o custo de vida, por saúde, por transportes coletivos (incluindo os movimentos espontâneos, como os quebra-quebras). O movimento por moradia, dada sua importância social e a necessidade de relacioná-lo aos aspectos mais teóricos da dinâmica da urbanização capitalista, merece um capítulo específico.

Antes da greve metalúrgica de 1978 – que surpreendeu a maioria dos especialistas – pequenas lutas fragmentadas foram se desenvolvendo de maneira invisível para aqueles que esperavam atuações no âmbito das instituições, ou das organizações estabelecidas. Ocorriam nos locais de trabalho, nas favelas e periferias "clandestinas", em busca de melhorias na área de saúde, saneamento, transportes coletivos, habitação ou por acesso à terra.

O cotidiano dos moradores da cidade: novas práticas de fazer pressão

A maioria dos autores que trabalham com movimentos sociais urbanos concorda que o período entre 1978 e 1985 (entre as greves do ABCD paulista e a vitória de Tancredo Neves, para presidente da República, no Colégio Eleitoral) marcou a transição para um novo modo de fazer política e para novas práticas de pressão social. A forma mais elaborada de atuação dos movimentos populares contribuiu para o fortalecimento da chamada sociedade civil.

Os valores de igualdade e de solidariedade, opostos aos da racionalidade impessoal que fundamenta o mundo da política oficial, aproximaram as pessoas em suas comunidades.

Durante a década de 1970, além das reivindicações e dos conflitos relacionados à exploração do trabalho e à espoliação urbana, muitos grupos se organizaram em torno de demandas de outro caráter, como o feminismo e o racismo (sobretudo em relação aos negros), procurando, tanto em um caso como no outro, colocar em xeque uma relação secular de subalternidade, exclusão e preconceitos. Entretanto, deve-se ressaltar que, nesse período, os movimentos de maior visibilidade social e política foram os operário-sindicais e aqueles que mobilizaram os moradores da periferia pelo acesso à terra, à moradia e aos bens de consumo coletivos.

Tais movimentos tiveram grande impacto social e político. Em numerosos pontos de diversas cidades surgiram grupos e associações que discutiam as condições espoliativas da vida cotidiana, pressionando o poder público e contribuindo para a conscientização a respeito da exclusão socioespacial. Os temas que passaram a unificar as lutas que eclodiam em diversos pontos da cidade foram: moradia, acesso à terra urbana, transporte coletivo de qualidade, creche, saúde e infraestrutura urbana.

As pessoas que se envolviam com esses movimentos reivindicativos iam, durante as lutas, adquirindo consciência de insubordinação contra o autoritarismo do regime militar vigente, contribuindo assim, à sua maneira, para o processo de abertura política que lentamente, devido às grandes dificuldades, ia se concretizando. De fato, ações de desobediência civil, como greves, passeatas, ocupação de terras, depredações e muitos outros tipos de manifestações organizadas ou espontâneas passaram a desafiar abertamente a ordem instituída.

Algo de novo estava acontecendo no país e as comemorações do 1º de Maio de 1980 em São Bernardo do Campo (SP) mostravam como os diversos grupos populares surgiam no espaço público reivindicando seus direitos, indicando o aparecimento de novas *identidades coletivas*.

A comemoração do Dia do Trabalho ocorria no momento em que uma greve dos metalúrgicos da região alcançava já um mês de duração. Movidos pela solidariedade aos grevistas formaram-se comitês de apoio em fábricas e bairros da Grande São Paulo. Pastorais da Igreja, parlamentares da oposição, Ordem dos Advogados do Brasil (OAB), sindicatos, artistas, estudantes, jornalistas, professores assumiram a greve do ABCD como expressão da luta democrática em curso.

Nesse 1º de Maio, São Bernardo foi ocupado por oito mil policiais armados a fim de impedir a manifestação popular que também era de solidariedade à greve e a favor do dissídio salarial. A missa para três mil pessoas começou na Igreja Matriz, enquanto os manifestantes davam voltas nas ruas ao redor, tentando despistar a polícia pronta para reprimir a manifestação, que, finalmente, foi liberada por ordens vindas diretamente de Brasília. Os pequenos grupos foram se reunindo em uma multidão impressionante – 120 mil pessoas, a maior desde a implantação do regime militar.[1]

O que aconteceu ali? A luta social já existia sob a forma de pequenos movimentos que, naquele momento, convergiram, fazendo surgir o *sujeito coletivo* com visibilidade pública. O conflito operário foi além do movimento sindical, envolvendo amplos setores da sociedade e demais movimentos sociais, que amadureceram ao longo de toda a década de 1970, abrindo uma nova possibilidade para a expressão política dos trabalhadores.

Esses movimentos não institucionalizados, que se pretendiam independentes do Estado e dos partidos, surgiram após as derrotas políticas dos anos 1960, sobretudo após o Ato Institucional n.5, de 13 de dezembro de 1968, data a partir da qual o regime militar, de fato, joga na clandestinidade todas as possibilidades de manifestação política. Alguns setores da sociedade, como o movimento sindical, foram duramente atingidos. O movimento estudantil também foi bastante penalizado. As lideranças (como as sindicais) foram presas, mortas ou colocadas na clandestinidade. Muitos tiveram que se refugiar em outros países. Primeiro no Chile e, depois do golpe de Augusto Pinochet contra o presidente Salvador Allende, na Europa ou em Cuba.

Para muitos dos que permaneceram no país, a guerrilha urbana ou rural continuou sendo uma estratégia de enfrentamento da ditadura militar e para a construção do socialismo. Mas a repressão foi violenta e, com o esfacelamento dos grupos guerrilheiros, aos poucos se começa a perceber que há outras possibilidades de luta, que podem ocorrer a despeito das restrições impostas pela ditadura militar à

---

[1] Em 1968 tivemos no Rio de Janeiro a "Passeata dos cem mil", até então a maior, em protesto contra a morte do estudante Edson Luís, no Restaurante Calabouço, da UFRJ.

participação política. O partido político de "oposição" criado pela ditadura militar, o Movimento Democrático Nacional (MDB),[2] o atual PMDB, passa a ser usado como uma legenda *suporte*, ou de *empréstimo*. Isto é, militantes conhecidos de partidos colocados na clandestinidade pela ditadura se elegem para cargos eletivos pelo MDB, como é o caso de lideranças do movimento popular, como, por exemplo, Aurélio Peres, em São Paulo, ou Haroldo Lima, na Bahia, que, embora dos quadros do Partido Comunista do Brasil (PC do B), são eleitos deputados estaduais pelo MDB. O engajamento nos movimentos populares ocorre também por meio das demais instituições da sociedade civil, associações, sindicatos, grêmios estudantis.

Após a primeira metade da década de 1970, as classes trabalhadoras ainda estavam presas a certo imobilismo, decorrência da forte repressão ainda dominante e da massificação imposta pelos meios de comunicação.

As estratégias de sobrevivência encontradas, embora funcionais à reprodução capitalista, a exemplo da autoconstrução, propiciavam, todavia, a construção de um caminho que chegava à organização popular, partindo dos vínculos de solidariedade que criavam.

Na segunda metade da década, começaram a pipocar movimentos operários e populares com a marca da autonomia e da contestação à ordem estabelecida. Eram os "novos movimentos de bairro" que, para Sader, se constituíram em um processo de auto-organização, reivindicando direitos e renegando o clientelismo que tradicionalmente caracterizara a relação entre políticos e população.

---

2 Até então os que faziam oposição ao regime militar sistematicamente, desde 1964, anulavam seus votos nas eleições para os cargos representativos. Nos cargos do Executivo, o presidente da República era indicado pela Junta Militar e os governadores e os prefeitos eram eleitos em "eleição indireta", os famosos "biônicos".

A espoliação urbana

Neste tópico trataremos da espoliação urbana, exemplificada com situações da metrópole paulistana, que foi onde melhor se condensaram as condições para a mobilização popular naquele período.

É importante frisar que, para a caracterização da metrópole paulistana, a extensão territorial é o critério menos importante. O fundamental é que, a partir dela, ou dos investimentos e capital nela concentrados, é que se organiza a dinâmica do capitalismo no Brasil. Se isso hoje pode ser mais relativizado, pois têm ocorrido importantes mudanças econômicas em outras regiões e cidades, levando ao surgimento de novos centros dinâmicos, São Paulo é ainda o centro propulsor da economia nacional, embora a partir da crise econômica da década de 1980 tenha aumentado muito seu contingente de desempregados.

Até a década de 1980, de intenso dinamismo econômico, a exclusão social na Região Metropolitana de São Paulo (RMSP) não estava relacionada à crise econômica. O crescimento econômico ocorrido não beneficiou grande parcela dos trabalhadores, tendo havido perda salarial de 70% durante os anos 1959-1990.[3] Grande parte da população vivia amontoada em habitações precárias: em cortiços e favelas tanto nas áreas centrais como nas periféricas, onde predominavam as autoconstruções. Em poucos anos, os moradores das favelas no município de São Paulo saltaram de 8 para 20% da população total.

Entretanto, até a década de 1980 foi gerada uma quantidade de empregos relacionados à expansão econômica que, de certa forma, contrabalançou a queda dos níveis de

---

[3] De acordo com o Dieese o ano de 1959 é referência, quando o salário-mínimo teve a melhor remuneração real.

remuneração. A partir daí, não só se acentuou o grau de pauperização, como encontrar emprego tornou-se cada vez mais difícil, resultando no aumento do subemprego.

Para Kowarick, "trata-se da *espoliação urbana, isto é,* a inexistência ou precariedade de serviços de consumo coletivo, que juntamente com as dificuldades de acesso à terra e à moradia aguçam ainda mais a dilapidação decorrente da exploração do trabalho".[4]

A espoliação urbana na RMSP pode ser identificada pelas longas horas despendidas no transporte coletivo; pela precariedade de vida nas favelas, cortiços e casas autoconstruídas; pela construção em terrenos geralmente clandestinos; pela falta de benfeitorias básicas; pela inexistência de áreas verdes; pela falta de equipamentos culturais e de lazer; pela poluição ambiental; e pela erosão (vossorocamento).

Como já analisamos no Capítulo 3, mas convém lembrar, a espoliação urbana é produzida pela ação do Estado, que gera os bens de consumo coletivos essenciais à reprodução urbana dos trabalhadores, além de regular as condições de trabalho e de remuneração. Tendo em vista os movimentos populares, o importante a frisar nessa interpretação é que os padrões de reprodução urbana (maior ou menor espoliação) podem melhorar ou piorar, independentemente do grau de exploração da força de trabalho, o que pode ser explicado pela atuação dos movimentos populares.

O poder público, ainda, ao investir no espaço urbano privilegia as áreas onde moram os estratos de renda média e alta, além de outros lugares onde as atividades econômicas estão concentradas, equipando-as de acordo com as necessidades de viabilização destas. Isso gera uma valorização diferencial da terra, provocando o aumento da segregação

---

4 KOWARICK, Lúcio. *Escritos urbanos*. São Paulo: 34, 2000, p.114.

socioespacial, uma das formas de manifestação das contradições urbanas.

A FÁBRICA, O BAIRRO E AS EXPERIÊNCIAS DO COTIDIANO

Os movimentos sociais da década de 1970 tinham um caráter fragmentado. Muito já foi discutido a respeito do significado dessa fragmentação, que, para estudiosos do tema, não é demonstrativa de fragilidade, ao contrário. Relaciona-se à diversidade das condições em que surgiram os movimentos específicos e, embora fossem articulados, mantiveram-se como formas autônomas da expressão das diferentes coletividades, não identificados a alguma força "superior" e "sintetizadora".[5]

Não se trata simplesmente de um conjunto diverso e fragmentado de movimentos de ação direta – conhecidos por *ativismo social* –, mas estamos diante de um campo ético-político identificado como movimento popular.

Outra característica marcante dos movimentos sociais dessa década é o fato de eles terem-se desenvolvido fora do reconhecimento governamental. O chamado "novo sindicalismo de São Bernardo", no ABCD paulista, é uma exceção, uma vez que se desenvolve dentro da instituição sindical, embora transgredindo as normas impostas para a atuação dos sindicatos.

O agravamento das condições de vida, discutido no tópico anterior, trouxe uma compreensão a respeito do que era *legítimo* e do que era *legal*, que nem sempre se confundiam. A greve, por exemplo, embora fosse considerada legítima pelos mais amplos setores da sociedade, tendo em vista o arrocho salarial, era ilegal segundo a "legislação" do regime militar.

---

5 KOWARICK, Lúcio., op. cit., p.198.

As lutas ocorridas no mundo do trabalho não estavam isoladas das que aconteciam no âmbito dos bairros. É importante ressaltar que a dualidade entre esses dois mundos é apenas analítica, pois muitas greves deflagradas entre 1978-80 encontraram apoio nas experiências de luta das organizações de moradores; além disso, o movimento operário influenciou, também, as lutas travadas pelas associações de bairro. O momento é de fusão. Um confronto que ocorre no mundo do trabalho se alimenta de articulações forjadas nas lutas cotidianas centradas nos bairros, onde vivem os pobres que lutam por melhorias urbanas.

Mesmo porque, até 1978, os principais locais de articulação do movimento operário eram os bairros, com as estruturas criadas pelas Comunidades Eclesiais de Base (CEBs) e por outras formas de organização popular. Os conflitos da época recebem o apoio das CEBs da Igreja Católica, dos grupos ligados à Pastoral Operária e, mais tarde, da oposição sindical metalúrgica. Muitos operários, antes de se engajarem no movimento sindical, participaram de lutas nos bairros, bem como muitas vezes era no local de moradia que se organizava o movimento que ia ser deflagrado na fábrica.

Para Kowarick essas experiências se configuravam como práticas moleculares, nas fábricas e nos bairros, diante de uma situação extremamente repressiva. O importante a ser destacado é que os moradores das periferias urbanas foram se aglutinando em torno de um conjunto variado e amplo de reivindicações por melhorias urbanas, regularização dos loteamentos clandestinos, contra o custo de vida...

O movimento operário começou a ser rearticulado com a greve dos metalúrgicos de Osasco em 1968 e a experiência das comissões de fábrica. O espaço fabril passou a ser encarado como o lugar de construção de um movimento operário autônomo, na luta por um sindicalismo livre das interferências do Estado.

Em 1979, depois de quinze anos de regime militar e de arrocho salarial, que reduziu substancialmente o poder aquisitivo dos trabalhadores, eclodem por volta de oitenta movimentos grevistas, número superior a alguns períodos dos governos João Goulart e Juscelino Kubistchek.

Até outubro de 1979 ocorreram dezenove greves no setor metalúrgico. A maior foi no ABCD paulista. Ali, a paralisação de 79 durou catorze dias, envolvendo 240 mil operários; no Rio de Janeiro, os metalúrgicos fizeram uma greve que atingiu 250 mil trabalhadores; em São José dos Campos, 35 mil metalúrgicos pararam por cinco dias, como também em Contagem (MG), envolvendo outros 35 mil trabalhadores. Além disso, houve movimentos grevistas nas seguintes categorias: motoristas, funcionários públicos, bancários, caminhoneiros, costureiras, mineiros e jornalistas. Na "Açominas"[6] (MG), 21 mil peões da construção civil fizeram uma paralisação de 21 dias. No total foram 86 paralisações. Contra alguns desses movimentos as forças policiais usaram violência, como em Betim (MG), contra os grevistas da Siderúrgica Mannesmann e da Fiat.

A greve do ABCD de 1980 alcançou 38 municípios e 325 mil operários. As assembleias no estádio de Vila Euclides em São Bernardo do Campo reuniam de 40 a 60 mil trabalhadores, na chamada "democracia de Vila Euclides". Durante as comemorações do 1º de Maio, foi decretada intervenção nos sindicatos de São Bernardo e de Santo André e seus doze dirigentes foram cassados. Luís Inácio da Silva e os demais líderes foram presos, bem como os membros da Comissão Justiça e Paz, entre eles os juristas Dalmo de Abreu Dallari e José Carlos Dias, além de outros opositores do regime. A paralisação, entretanto, custou a esmorecer e a solidariedade aos grevistas aumentou em todo o país.

---

[6] Atualmente "Gerdau Açominas".

A violenta repressão imposta às categorias mais organizadas – espancamentos dos grevistas, intimações dos líderes para prestarem depoimentos nos órgãos de investigação política e repressão, como o extinto Departamento de Ordem Política e Social (Deops) – e a instalação de Comissões de Inquérito impediram que as reivindicações fossem atendidas. Sintomaticamente, não houve o mesmo desfecho no caso das categorias mais desorganizadas, como a dos peões e dos vigilantes.

A paralisação de 1980 foi, pode-se dizer, a última grande greve da mobilização iniciada em 1979. A rotatividade da mão de obra e o desemprego foram os motivos encontrados para justificar o arrefecimento das lutas, bem como também o fato de a greve de 1980, em que o nível de mobilização era o mais elevado do país, não ter tido suas reivindicações atendidas. Além disso, a formação de novos partidos políticos contribuiu para o fracionamento do movimento operário e popular. Apesar de tudo, houve um salto qualitativo na organização dos trabalhadores, como reconheceu Luís Inácio da Silva, o Lula, do Sindicato dos Metalúrgicos de São Bernardo. A derrota foi apenas aparente, pois colocou os metalúrgicos na vanguarda da luta pela democracia.

Assim, o ano de 1980 não é considerado de refluxo do movimento popular. Houve um acúmulo de experiências e de forças, com novas categorias entrando na luta, tornando-a mais variada e com um nível de organização mais elevado. Novas categorias passaram a lutar, como há anos não faziam, a exemplo dos petroleiros e portuários. O Porto de Santos foi totalmente paralisado, em uma memorável greve. A unificação das campanhas salariais em nível regional e nacional foi uma importante conquista que só pode ser explicada pelo fortalecimento do movimento dos trabalhadores.

A partir da greve anterior, a de 1979, o movimento sindical mudou de qualidade. A questão não era mais apenas fazer greve, mas havia outras questões de caráter político. O movimento tornou-se mais organizado, mesmo porque era necessário sustentar a diretoria do sindicato cassada, em São Bernardo. Paralelamente, os movimentos urbanos se intensificaram, a exemplo do que ocorreu em Salvador.

O momento era de reflexão, pela unificação do movimento sindical e pela superação do espontaneísmo, para a reconquista de uma identidade contra o mundo dominante, que durante longos anos sistematicamente ignorou, desarticulou ou reprimiu as iniciativas que surgiam nos locais de trabalho e de moradia.

A opressão reinante no cotidiano fabril e a possibilidade de reconquista de uma identidade operária são aspectos cruciais para se entender a força que a greve teve naquele momento específico e naquele lugar, onde se localizava o coração industrial do país.

Mas não se deve apenas à capacidade de mobilização e organização sindical o movimento desencadeado: a identificação popular com a causa metalúrgica foi fundamental para o estabelecimento de ampla rede de apoio e solidariedade aos grevistas.

As paralisações de São Bernardo e de São Paulo em 1978-80 romperam a separação entre bairro e fábrica: os embates relativos às reivindicações urbanas foram importantes na dinamização do movimento operário, pelo apoio que os movimentos urbanos deram nos momentos de conflito. Generalizaram-se práticas inovadoras de resistência. Por sua vez, o movimento operário e sindical desempenhou seu papel na dinamização das lutas em busca de melhorias para os bairros populares.

Kowarick ressalta, entretanto, que a unificação de experiências de lutas fragmentadas não ocorre de forma espontânea. Relações sociais construídas na vizinhança, a identificação de problemas comuns quando situações de carência e de exclusão são compartilhadas, ou seja, os problemas concretos do cotidiano, como atrasos dos transportes, acidentes e doenças acabam estabelecendo formas de solidariedade, com a fusão das reivindicações, sobretudo quando há o aguçamento dos conflitos.

Para completar é preciso lembrar o apoio de partidos, sindicatos e da Igreja Católica, fundamentais para o fortalecimento dos movimentos, como também as práticas cotidianas coletivas, responsáveis pela superação das ações isoladas. É importante ressaltar a importância dessas práticas do cotidiano, pois é nele que ocorrem as contradições urbanas ou as conjunturas específicas, nas quais se assentam as experiências, sem o que o apoio institucional ocorreria no vazio e não encontraria eco entre os verdadeiros protagonistas desses movimentos.

O movimento operário e o de ocupações de áreas urbanas, que se multiplicaram na década de 1980, colocaram em xeque a legislação vigente. No decorrer dessa década, o embate foi adquirindo outras características, relacionadas com o momento político e com as novas possibilidades de atuação partidária. O movimento sindical entrou em nova fase, de caráter mais organizativo, com as comissões de fábrica, que organizavam e articulavam as reivindicações operárias, e também pela perspectiva que se abria de criação de um partido político vinculado aos trabalhadores.

Os movimentos reivindicativos foram se organizando por bairros, com a assessoria de militantes de organizações partidárias de esquerda, de agentes pastorais ligados à Igreja Católica, de professores, alunos e pesquisadores das universidades. Ocorreram debates cujo tema eram questões relativas ao aumento do desemprego e do subemprego e rebaixamento dos níveis de consumo, o que impunha novas estratégias de sobrevivência, inclusive a ajuda mútua. O movimento grevista muito se beneficiou dessas discussões que, em muitos casos, auxiliaram na conscientização dos trabalhadores.

AS POSSIBILIDADES DE ARTICULAÇÃO ENTRE O MUNDO DO COTIDIANO E O DA POLÍTICA

- Os Clubes de Mães da Região Sul paulistana

Na década de 1970, os movimentos populares explodiram na Zona Sul da capital paulista, nas proximidades da represa de Guarapiranga. No início com os Clubes de Mães ligados ao Lions Clube, com aulas de corte e costura, bordado e cuidados com a higiene pessoal. O paternalismo era total, até que na Igreja da Vila Remo, onde ocorriam as atividades, começou a ser posta em prática a possibilidade de se trabalhar com autonomia. Nessas reuniões, os agentes pastorais auxiliavam na leitura do Evangelho, como parâmetro para julgar as injustiças da realidade cotidiana do grupo. O respaldo dado pela Igreja significava proteção, quesito importante em uma sociedade ainda patriarcal. Assim, maridos não impediam que suas mulheres participassem do grupo.

Apesar da participação da Igreja, o movimento foi organizado pela base e pelas próprias mulheres do bairro. Os propósitos dos agentes pastorais eram genéricos, de acordo com a orientação geral da Igreja Católica, vinculada aos temas da libertação e do estímulo à participação coletiva na luta por justiça social, com solidariedade.

O trabalho organizava-se de forma cooperativa. Enquanto trabalhavam, as mulheres falavam sobre sua vida, seus sonhos, seus problemas. Trocavam experiências. Tratava-se de uma rotina que mantinha a sociabilidade entre elas, além de valorizar o trabalho feminino.

Durante as reuniões havia, também, um momento de reflexão coletiva sobre um trecho do Evangelho, confrontando o com o cotidiano de cada uma delas. Problemas domésticos, considerados naturais e privados, passavam a ser encarados como problemas sociais, semelhantes aos das demais mulheres. Assim elas foram descobrindo a necessidade de mobilização para reivindicar mais escolas, creches, ônibus, postos da saúde etc., além de ações comunitárias para resolver problemas coletivos (mutirões de limpeza nos centros comunitários, cuidar de crianças etc.). Desse modo, eram redimensionados os aspectos da vida doméstica e da vida política.

O aprendizado da cidadania era feito na prática, com as atividades e as lutas do dia a dia, como as mobilizações pela coleta de lixo, pela instalação ou reforma das escolas, contra a precariedade do ensino, pela extensão dos serviços de saúde, além de atividades de lazer conjuntas. Discute-se a precariedade dos serviços públicos, em bairros onde faltava tudo. Esses momentos eram aproveitados para a reflexão sobre as privações e as injustiças, além de para a conscientização de direitos e das possibilidades de se lutar por eles.

- O Movimento de Custo de Vida

Como desdobramento do Clube de Mães, surge o Movimento do Custo de Vida, que no princípio era apenas um movimento local do Jardim Nakamura, na Zona Sul paulista. Denominado "Mães de Família em Desespero", solicitam, por carta, assinada por 16.500 pessoas, às autoridades que controlem o custo da vida, aumentem os salários e forneçam escolas e creches. Mas esse não era o fim do movimento, inovador, por ser comum ao conjunto das famílias de trabalhadores, ultrapassando o âmbito das vizinhanças locais, como o Clube de Mães, dirigindo-se ao governo federal, tecendo a ligação entre o mundo do cotidiano e o da política.

No ano seguinte, o movimento já envolvia cerca de setenta Clubes de Mães, conseguindo colher 18.500 assinaturas em bancos, lojas, fábricas, escritórios, escolas; e, unindo mais as pessoas, possibilitando a oportunidade para uma reflexão política.

Em seu terceiro ano, o movimento encaminhou um abaixo-assinado ao presidente Geisel reivindicando abono salarial de 20%, congelamento dos preços dos gêneros alimentícios de primeira necessidade e reajustes salariais acima da taxa do custo de vida. Pela primeira vez, alcançou a região operária do ABCD, com o apoio da arquidiocese local, dos sindicatos de São Bernardo e de Sociedades Amigos de Bairro (SABs). Além disso, foi organizado "um dia de luta contra o custo da vida". Essa proposta surgiu em virtude das dificuldades encontradas com as formas de luta tradicionais, já esgotadas: assembleias, comissões, idas às autoridades, que não demonstravam sensibilidade pelas reivindicações populares. Como os políticos da oposição tinham medo das consequências do Ato Institucional n.5, não compareciam às assembleias populares, que, sem o apoio e a presença de autoridades, não tinham nenhum poder de pressão. Por outro lado, como esperar apoio de autoridades para manifestações que as questionavam e reivindicavam alterações radicais nos rumos das políticas econômicas e sociais?

Ao aglutinar mais forças, o movimento ampliou-se, com coordenações regionais e uma coordenação para a Grande São Paulo. Os problemas que afetavam o cotidiano popular ganhavam dimensão política, mas, ao mesmo tempo, iam se afastando das bases de origem do movimento. Embora continuasse crescendo, objetivando coletar um milhão de assinaturas contra o custo da vida, houve uma cisão no movimento: um grupo considerava mais importante o trabalho educativo, de conscientização popular, ao passo que outro acreditava na eficácia do milhão de assinaturas e das concentrações públicas. Esta segunda corrente venceu, justamente quando o movimento sindical fortalecia-se e surgia a onda grevista. Com uma grande concentração na Praça da Sé foram apresentadas ao governo do estado 1.250.000 assinaturas. Este, ao não reconhecer nem receber os representantes do movimento, provocou grande desânimo nos participantes, contribuindo para o esvaziamento do movimento, que manteve apenas suas estruturas organizativas.

A conjuntura política do país, entretanto, havia mudado, surgindo novas formas da pressão pela abertura política. A partir de 1979, o nome do movimento foi alterado para "Movimento Contra a Carestia" (MCC), e a Igreja se afastou dele ao mesmo tempo que ganhou dimensão nacional e incrementou-se a participação de partidos políticos, especialmente do PC do B e dos "autênticos" do MDB. As reivindicações politizaram-se e o movimento se engajou na luta pela "Constituinte livre e soberana". Com isso, houve um decréscimo na participação popular, mais interessada nas bandeiras ligadas às carências específicas do cotidiano. A Igreja progressista, em cujas bases o movimento nasceu, continuava reunindo suas comunidades da periferia para debater seus problemas, dentre eles o custo de vida.

A partir desse novo contexto nacional, o movimento popular em nível nacional entra em baixa. Em Goiás, onde em dois meses organizaram-se em vinte cidades comissões do Movimento do Custo de Vida, decidiu-se retirar a bandeira do custo de vida da pauta de reivindicações, que passou a valorizar os problemas de saúde, habitação, alimentação etc.

De fato, foram as reorganizações sindical e partidária que promoveram uma recomposição das forças que levou ao esvaziamento do Movimento do Custo de Vida. No entanto, os demais movimentos reivindicativos, que vinham crescendo timidamente, tiveram acentuado desenvolvimento na década de 1980, com a abertura política. A Igreja aparece novamente como braço auxiliar dos movimentos, atuando novamente e tratando de outras carências, como moradia, saúde e desemprego.

O MOVIMENTO DE SAÚDE – AVANÇOS E RECUOS

Movimento surgido em meados da década de 1970 na periferia de São Paulo e na Baixada Fluminense, adquiriu um caráter mais institucionalizado em nível nacional a partir dos anos 1990 com a nova Constituição. No início um movimento comunitário, disseminou-se pelas Pastorais da Saúde da Igreja Católica, embora mais tarde estabeleça outras relações com profissionais e entidades da área de saúde, os chamados ativistas de esquerda engajados na luta pelos direitos de cidadania. A disposição para o movimento surgiu da percepção de que a carência é a negação de um direito, por isso a necessidade de lutar para conquistá-lo.

Este movimento foi o que mais manteve relações com a esfera institucional, em especial porque as mobilizações ocorreram quando das eleições para governos estaduais (1982), o que favoreceu o debate sobre a reformulação do setor de saúde em todo o país e a interação com o Movimento de Reforma Sanitária vinculado ao aparato institucional.

Em São Paulo, o movimento de saúde da Zona Leste – um dos mais expressivos do país – foi organizado por um grupo de mulheres de alguns dos bairros mais pobres da cidade, com o apoio de agentes pastorais da Igreja Católica e de médicos sanitaristas, que ali chegaram em 1976, dispostos a contribuir com a organização popular para as questões de saúde pública e para o enfrentamento com a burocracia oficial. Vinculados às Comunidades de Base, registraram rápido crescimento, na década de 1970, em alguns bairros da Zona Leste, principalmente São Mateus e Jardim Nordeste.

As reivindicações por postos de saúde e melhorias no atendimento já existiam havia muito tempo. Gradativamente, com a pressão popular, essas reivindicações foram atendidas, o que permitiu ao movimento ganhar um caráter de massa e visibilidade pública. Inicialmente conseguiram o posto de saúde, depois tiveram de lutar contra a precariedade de suas instalações, além de por mais médicos para a região, mais vacinas, mais leite e o direito de participarem da gestão do centro de saúde.

Aos poucos, o movimento tornou-se mais autônomo, não dependendo mais de intermediários. Ao se constituírem as Comissões de Saúde, há a incorporação de outras pessoas ao movimento ao mesmo tempo que este se desvincula da Igreja Católica, quebrando com a organização das Comunidades de Base. As reivindicações ampliam-se, exigindo-se que a fiscalização dos serviços de saúde disponibilizados para a população seja feita por representantes da comunidade, mediante comissões de saúde. Enfim, houve um ganho político, conforme um dos médicos da equipe: "O movimento vai ficando mais amplo em relação às questões de saúde, o que permite a participação de todas as faixas da população, independentemente da religião e da posição política".[7]

Entretanto, não havia consenso sobre a fiscalização. Para alguns, deveria ser de responsabilidade do Estado, mas a maioria viu ali uma forma da aumentar o poder da própria população. A participação direta, um tema vivido pela população, era um outro modo de atuação política. Na década de 1990, a participação foi sendo institucionalizada pelos *Conselhos de Saúde*.

Com a possibilidade legal de criação de conselhos comunitários para atuar nos Centros de Saúde, a Comissão de Saúde propõe (e conquista!) um Conselho Representativo das pessoas que se serviam dos centros e eleito por elas. Foram realizadas eleições nos bairros da Zona Leste para os representantes populares, reunindo mais de cem mil votos, coletados pelas donas de casa.

A experiência dos Conselhos estendeu-se para outros bairros da Zona Leste. Mediante esse controle popular, o

---

[7] SADER, Eder, op. cit, p.273.

movimento da saúde ensaiava a passagem da luta reivindicatória para a ação política, de participação na gestão dos serviços públicos.

Os Conselhos se espalharam, depois, por cidades como Campinas e Porto Alegre, com a participação de usuários, trabalhadores do setor, prestadores de serviços e representantes das administrações municipais. Em São Paulo, os Conselhos adquiriram grande expressão, com a instalação de 140 Conselhos Gestores em unidades básicas de saúde, hospitais e distritos de saúde, com participação de 50% de usuários.

- As experiências dos Conselhos de Saúde e os conflitos atuais

Tais experiências influenciaram a Constituição de 1988, que introduziu importantes avanços para corrigir as injustiças sociais acumuladas historicamente. O município foi reconhecido como ente autônomo da federação, transferindo-se para o âmbito local as novas competências e recursos públicos capazes de fortalecer o *controle social e a participação da sociedade civil* nas decisões políticas.

O *controle social* passou a ser entendido não como um instrumento de coerção política, como historicamente foi empregado pelo Estado no exercício do poder para controlar a sociedade. Nessa nova perspectiva, o controle, ao contrário, foi inserido no processo de redemocratização da sociedade brasileira, tendo como perspectiva a construção de uma *democracia participativa*, com o fortalecimento dos movimentos organizados da sociedade civil. No entanto, a hegemonia da classe capitalista cria empecilhos, impondo dinâmicas políticas que impedem a redemocratização da forma como foi qualificada acima. Há limites intransponíveis na sociedade de classes para o advento de uma democracia realmente renovada, que realize o ideal da cidadania plena.

Os Conselhos de Políticas Sociais e de Direitos foram incorporados à estrutura dos governos, em nível federal, estadual e municipal, desenvolvendo a cooperação entre Estado e sociedade civil, com o objetivo de garantir a descentralização político-administrativa e a participação da população na formulação e no controle das políticas sociais setoriais. São espaços públicos de discussão, decisão, acompanhamento e fiscalização de ações programáticas desenvolvidas pelo poder público.

Teoricamente, o poder de planejamento e de decisão é partilhado. O Conselho é baseado nas deliberações de conferências, convocadas periodicamente, que definem as políticas sociais de cada setor, mediante a participação direta da população interessada.

A criação dos Conselhos representou um avanço em direção à democracia participativa, pela possibilidade de controle exercido pela sociedade através da presença e ação organizada de diversos segmentos. Muitos, no entanto, concebem os Conselhos como *espaço de consenso*, ou seja, de negociação ou de regulamentação de conflitos entre a sociedade civil e o Estado.

O Conselho de Saúde foi instituído por lei em 1990, com o objetivo de discutir, elaborar e fiscalizar a política de saúde em cada esfera do governo. É composto por usuários, gestores da saúde, prestadores de serviços e trabalhadores da saúde, em caráter permanente, deliberativo e paritário: 50% de usuários e 50% de gestores, prestadores de serviços e trabalhadores da saúde.

Entretanto, embora a Constituição de 1988 tenha incorporado importantes avanços, as legislações de saúde que foram sendo instituídas após sua promulgação reforçaram o *projeto privatista*, para controle das organizações populares, tentando minar a gestão democrática dos serviços. Com a argumentação de que houve um esgotamento das formas de articulação Estado-sociedade, propõe-se que os Conselhos sejam compostos com base em critérios relacionados ao mérito e não mais sejam paritários, diferenciando-se das perspectivas dos movimentos sociais da década de 1980.

As pessoas vinculadas aos movimentos de saúde propõem o real envolvimento da sociedade civil na efetivação dos Conselhos de Saúde, concebidos como *espaços de tensão* entre interesses contraditórios, na luta por melhores condições de vida e de saúde.

Com a consolidação do ideário neoliberal no Brasil, e as consequentes reduções dos direitos sociais e trabalhistas, desemprego estrutural, precarização do trabalho, desmonte da previdência pública, sucateamento da saúde e educação, houve um relativo enfraquecimento dos movimentos sociais e dos espaços de representação coletiva e de controle social sobre o Estado, conquistados com a promulgação da Nova Constituição em 1988, sobretudo na década de 1990.

Foi necessário voltar a lutar, até mesmo para garantir aqueles itens já estabelecidos por lei, como a paridade nos Conselhos, com representações junto ao Ministério Público e a mobilização popular para a realização das Conferências municipais ou a articulação parlamentar para garantir o cumprimento da lei.

Os profissionais de saúde que participam dos Conselhos com frequência são indicados pelo poder público, em cargos comissionados, tendo assim pouca ou nenhuma liberdade de atuação. Outras vezes, são indicados pela direção da própria unidade de saúde, quando há pouca mobilização das entidades e/ou sindicatos para a indicação dos membros dos Conselhos. Quanto à representação dos usuários, quando não são pessoas ligadas aos Movimentos Populares Urbanos, são vinculadas ao Lions, ao Rotary Clube e à Maçonaria, além das Associações de Portadores de Patologia e/ou Deficiência.

Outro tipo de limitação à atuação efetiva dos Conselhos é a ênfase dada ao debate de questões meramente administrativas, além da centralização das informações pelo poder público, o que contribui para a descaracterização dos Conselhos e a precariedade de seu funcionamento. A concepção de *Estado participativo*, por ser muito recente em nossa realidade, se fragiliza diante de uma conjuntura que desmobiliza a participação popular e defende o *Estado mínimo*, aquele que não se compromete com as políticas sociais, como preconiza o projeto neoliberal.

Na década de 1990, o movimento de saúde foi o que obteve melhor resultado no que se refere às possibilidades de participação popular no controle das políticas públicas. Foi também um dos únicos movimentos de amplitude nacional que iniciou a década com perspectivas de continuidade e com autonomia perante a esfera política institucional.

MOVIMENTO POR TRANSPORTES COLETIVOS

Há duas tendências nas lutas por transportes coletivos: de um lado, os movimentos organizados em interação com a esfera institucional, presente em quase todo o território nacional, sobretudo nas regiões metropolitanas, e, de outro, os movimentos espontâneos, desorganizados, conhecidos como "quebra-quebras", que periodicamente "sacodem" as grandes cidades.

• Os movimentos organizados

Surgiram em meados dos anos 1970 e intensificaram-se no início da década de 1980, e, posteriormente, entraram em declínio. Em 1984 foi realizado o I Encontro Nacional sobre Participação Comunitária em Decisões de Transporte, quando se decidiu pela criação da Associação Nacional de Luta pelo Transporte (Anlut), com representantes de nove estados e pelo fortalecimento da Associação Nacional de Transportes Públicos (ANTP), fundada em 1977 e constituída por entidades privadas e públicas ligadas aos transportes coletivos urbanos.

Na luta pela Constituinte, em 1987, realizou-se um novo encontro para fortalecer a *Emenda de Iniciativa Popular sobre a Reforma Urbana*. A luta, naquele momento, era pela quebra dos monopólios privados e pela estatização dos serviços de transportes coletivos.

Tal movimento diferenciou-se dos demais por ter tido participação menor da Igreja e maior de militantes da esquerda marxista não tradicional. Isso pode ser explicado pelo fato de que a carência de transporte coletivo na cidade é a que mais se aproxima das relações entre o capital e o trabalho, pelas conexões que o transporte faz entre as esferas da produção e da reprodução. Em São Paulo, por exemplo, foi esse movimento o que mais projetou lideranças com expressivo reconhecimento público.

• Os movimentos espontâneos: os quebra-quebras

Até que ponto os movimentos espontâneos, desorganizados, dos moradores das cidades contra as péssimas condições de vida devem ser minimizados?

Embora não tenham nenhuma perspectiva de longo prazo, sejam rotulados de movimentos inconsequentes, realizados por vândalos, os quebra-quebras são uma forma de se obter melhorias na prestação de serviços públicos. Muitas vezes, inclusive, as reivindicações – sempre imediatistas – acabam sendo atendidas, resolvendo o problema a curto prazo, para se repetir novamente mais adiante...

Em geral, é a precariedade do sistema de transportes urbanos que provoca essas revoltas. Salvador é uma metrópole que frequentemente enfrenta esse tipo de manifestação popular, que, na maior parte das vezes, dura dias. No Rio de Janeiro e em São Paulo elas ocorrem de forma mais sistemática desde 1947. Nessa ocasião, em São Paulo, um ônibus e alguns bondes foram depredados durante praticamente um dia inteiro, após o aumento da tarifa decretado pelo interventor Ademar de Barros.

Em 1959, foi a vez de Niterói, então capital fluminense. A revolta foi uma das mais violentas ocorridas até hoje contra as condições de transportes. Os funcionários da Cantareira, concessionária que fazia a travessia de barca Rio-Niterói, entraram em greve. No dia seguinte, 3 mil usuários depredaram e incendiaram lanchas, barcas, estações, palacetes dos diretores da Companhia, escritórios, jipes dos fuzileiros, um estaleiro e até uma fazenda.

Tem gente com fome
Trem sujo da Leopoldina
correndo correndo
parece dizer
tem gente com fome
tem gente com fome
tem gente com fome

***

Piiiiii

***

Estação de Caxias
de novo a dizer
de novo a correr
tem gente com fome
tem gente com fome
tem gente com fome

***

Vigário Geral
Lucas
Cordovil
Brás de Pina
Penha circular
Estação da Penha

Olaria
Ramos
Bom Sucesso
Carlos Chagas
Triagem, Mauá
trem sujo da Leopoldina
correndo correndo
parece dizer
tem gente com fome
tem gente com fome

***

Tantas caras tristes
querendo chegar
em algum destino
em algum lugar

***

Trem sujo da Leopoldina
correndo correndo
parece dizer
tem gente com fome
tem gente com fome
tem gente com fome

***

> Só nas estações
> quando vai parando
> lentamente começa a dizer
> se tem gente com fome
> dá de comer
> se tem gente com fome
> dá de comer
>
> ***
> Mas o freio de ar
> todo autoritário
> manda o trem calar
> Pisiuuuuuuuu
>
> Solano Trindade.[8]

O movimento teve início quando os usuários, revoltados com o atraso das barcas, passaram a agredir com paus e pedras a tropa de fuzileiros deslocada para contê-los com balas de metralhadoras. A Marinha, embora tivesse condenado os atos de vandalismo, também condenou a "ganância" dos grupos econômicos. Os operários em greve obtiveram o aumento pleiteado e um interventor foi nomeado para a Cantareira.

Na década de 1970, tanto no Rio de Janeiro como em São Paulo, houve sérios conflitos por causa da falta de investimento no transporte ferroviário, realizado pela então chamada Central do Brasil, com a consequente precariedade dos serviços prestados. Atraso ou pane ou mesmo aumento de tarifas eram razões suficientes para a explosão dos passageiros em trens superlotados.

Em 1975, ainda no Rio de Janeiro, ocorreu a onda mais violenta de quebra-quebras desde a instauração do regime militar. Ao todo foram sete quebra-quebras em seis dias. Mesmo o policiamento ostensivo dos dois últimos dias não

---

[8] Solano Trindade foi poeta, pintor, teatrólogo, ator, folclorista negro. Fez de sua arte um meio de comunicação sobre as lutas do povo explorado e oprimido, perseguindo os ideais de liberdade e de recuperação da cultura afro-brasileira. Pernambucano, morou no Rio de Janeiro até a década de 1940, mudando-se para São Paulo e fixando-se depois no município de Embu, fundando um núcleo cultural que fez a cidade tornar-se conhecida como Embu das Artes. Sofreu muitas perseguições políticas. O poema transcrito "Tem gente com fome" foi responsável por sua prisão em 1944. Foi musicado em 1975 pelo grupo Secos e Molhados, porém a música foi proibida pela censura do regime militar, sendo regravada por Ney Matogrosso em 1980. Faleceu em 1974, aos 64 anos de idade.

foi suficiente para acalmar a fúria popular. Em 1976, os conflitos alastraram-se pelos subúrbios de São Paulo, com mais de dez quebra-quebras contra os trens da Central do Brasil.

Em geral, depois dessas ondas, o poder público investe na melhoria dos serviços o suficiente apenas para acalmar os ânimos por certo tempo. Depois, os serviços vão se deteriorando novamente, ocasionando outros levantes. Como o ocorrido em 1979, no Rio de Janeiro. Passados quatro anos do conflito anterior, os usuários dos trens de subúrbio do Rio de Janeiro se revoltaram por quatro dias, em dezembro. Estações e trens foram depredados e incendiados por 20 mil pessoas, o que também aconteceu em São Paulo, embora em menor proporção, com a perda de uma composição e de um trem.

Os atrasos de trens são exasperadores. Durante os conflitos de 1979, no Rio de Janeiro, uma passageira de Vila Cosmos, entrevistada por jornalistas, disse que embarcou às quatro horas da manhã e o trem veio "parando e variando" (sofrendo avarias); "tive de saltar de um para outro, uma agonia terrível, pra chegar na D. Pedro II (estação central) às nove horas".

O empresariado parece que não se preocupa com essa situação, que deveria acarretar prejuízos para ele, pela perda de horas de trabalho. Mas, em geral, não exerce nenhuma forma de pressão. Prefere, ao que parece, tirar proveito, comodamente, da abundância de mão de obra. Um empresário paulista em entrevista ao *Jornal da Tarde*, em 1976, afirmou: "Desse jeito não dá para aceitar empregados que residam em Mauá, Ribeirão Pires, e em outras cidades servidas pelos trens". Enquanto isso, os atrasos vão sendo descontados do salário dos empregados. Até que a coisa acabe em demissão.[9]

---

9 *O Movimento*, n.234, de 24 a 30.12.79, p.8-9.

> Veja como o problema era candente, inspirando letras de sambas, como este de A. Vilarinho, E. Silva e Paquito: "Patrão o trem atrasou, por isso eu estou chegando agora, trago aqui o *memorandum* da Central, o trem atrasou meia hora, e o senhor não tem razão pra me mandar embora".

As pesquisas sobre as revoltas contra os trens de subúrbio e ônibus, do Rio de Janeiro e de São Paulo, deixam bem claro que os atrasos foram o estopim de todos os quebra-quebras. Assim ocorreu em fevereiro de 1977, em Belo Horizonte, quando a multidão de passageiros, depois de duas horas de espera em longas filas, passou a quebrar todos os ônibus que encontrava pela cidade. Em janeiro e fevereiro de 1977, por causa de atrasos frequentes dos ônibus de São Paulo, houve em Guarulhos uma série de depredações. Em Salvador, em 1981, verificaram-se os mesmos fatos, pela mesma razão. Em 1981, houve novo levante em São Paulo, na Vila Matilde e em Artur Alvim, Zona Leste, motivado pelos atrasos dos trens, e 15 mil trabalhadores destruíram estações e locomotivas.

Em geral, esses movimentos são condenados por serem destrutivos e inconsequentes, dilapidando um patrimônio a serviço da população, que, no fim, seria sempre a mais prejudicada. Mas em alguns momentos, como ocorreu com o levante contra a Cantareira, em 1959, ou com os trens da Central do Brasil, em 1975, no Rio de Janeiro, essa forma de pressão surtiu efeito.

Tais manifestações nunca ficam no vazio. O quebra-quebra da Vila Matilde de 1981, por exemplo, ganhou a solidariedade dos movimentos organizados, como o Movimento contra a Carestia, os movimentos de moradores das favelas, sindicatos de trabalhadores e comissões de moradores de bairros.

Após estas depredações uma comissão composta por deputados do PT e associações da Zona Leste de São Paulo foi olhar de perto as condições do transporte ferroviário. O deputado Sérgio Fontes descreveu:

"Na porta da Estação Roosevelt (antiga estação da Central do Brasil) atravessamos uma enorme poça de água. O leito dos trens estava inundado de chuva recente, e não haveria condições de a locomotiva sair imediatamente; 250 mil pessoas utilizam diariamente aquela ferrovia e mais 350 mil utilizam a Santos-Jundiaí (cuja estação é acoplada à Roosevelt). Viajam numa área de 12 pessoas por metro quadrado. A posição do indivíduo dentro do trem é de eterna prontidão. Tem que estar preparado sempre para o pior.

Como as luzes de alguns vagões estão completamente apagadas, aumenta em cada uma das pessoas a apreensão e a intranquilidade. No semblante, a maioria carrega o cansaço. Tudo é hostil dentro de um trem de subúrbio. A estação, as dependências, a plataforma, os vagões e a multidão. Não há tempo para se respirar ou descontrair. A impressão que se tem é de que a qualquer momento vamos ser amassados.

Algumas perguntas:

– Sabe quantas pessoas transportamos o ano passado?
– 157 milhões. E cada vez há menos vagões. A cada dia que passa temos menos condições de trabalho. Eles mandam dinheiro só para o trem não ficar parado. É o que eles estão fazendo. O governo, é claro.
– Mas como depredam?
– Primeiro é um povo sofrido. Mas tem gente insuflando.
– Quem insufla?
– Não sei.
– Você não acha que o pessoal é meio mal-educado?
– Que é, é. Mas veja em que condições. Chego atrasado no serviço, um dia, dois. O patrão não aceita mais justificativa da rede. Olha como está esse trem. Viajamos como animais. O atraso é que revolta. Ninguém aguenta. O sangue sobe na hora.[10]

---

10 SANTOS, Sérgio. *O Movimento*, n.294, de 16 a 22.02.81, p.10-1 (adaptado).

Em 1981, em Salvador (BA) houve violentos incidentes entre populares e as forças policiais por causa de quebras de ônibus, com numerosas prisões e tropas policiais nas ruas tentando proibir qualquer manifestação. O *Movimento Contra a Carestia* foi criado em Salvador em 1979, quando o *Trabalho Conjunto de Bairros* – entidade formada por dezenas de associações de bairro de Salvador – formou uma Comissão Contra a Carestia para a coleta de assinaturas feita em todo o país, como já vimos, para ser entregue ao presidente da República, exigindo o congelamento de preços.

Sem o apoio de outras entidades populares, o movimento caminhava lentamente, tendo como uma de suas bandeiras a luta contra o aumento das tarifas de ônibus. Em 1981, as tarifas de ônibus iam ser majoradas pela segunda vez. Fez-se um abaixo-assinado contra esse aumento e uma passeata foi organizada, mas como a população já estava muito revoltada os apedrejamentos começaram um dia antes da manifestação. Embora os ônibus já houvessem parado de circular, o governador Antônio Carlos Magalhães determinou que voltassem às ruas em comboios, escoltados pela Polícia Militar. Os revoltosos não se intimidaram, atacando um dos primeiros comboios em Vasco da Gama, bairro onde se localizava uma das maiores favelas da cidade. As pedras partiam do escuro, jogadas por uma pequena multidão, sem que a polícia pudesse fazer nada. A quantidade de pessoas que decidiu participar do Movimento Contra a Carestia surpreendeu a todos.

Dias depois, foram os estudantes secundaristas que entraram em greve contra a violência policial: seis dias de lutas e quebra-quebras, dando notoriedade nacional ao MCC de Salvador, que procurou se eximir da responsabilidade sobre os quebra-quebras, afirmando: "Nem mandamos quebrar e nem quisemos impedir o povo de fazê-lo", mas encamparam a reivindicação pela revogação do aumento na tarifa de ônibus; por meia passagem para estudantes e operários e passe livre para os desempregados. Essas passaram a ser as bandeiras de luta de toda a população de Salvador. Embora o MCC não tivesse orientado o quebra-quebra, "o povo pareceu escolher a sua própria forma de luta e explodiu em Salvador como não fazia há 50 anos".[11]

Em 1983, nos estados do Rio de Janeiro e de São Paulo houve também intensos confrontos entre populares e a polícia em ações de rua, provocadas pela profunda crise econômica, bem como pela democratização em curso e a eleição de governadores ligados ao PDT e ao PMDB. Foram muitos os saques contra supermercados e quebra-quebras nas duas cidades. Também foram atacados padarias e açougues da Zona Sul paulistana, área de concentração industrial e operária. No Rio de Janeiro, homens da Polícia Militar e da Polícia Civil tiveram de ficar de prontidão para garantir o funcionamento do comércio. A situação chegou a tal ponto que todas as unidades do II Exército também ficaram a postos por ordem da Presidência da República. Os governadores diziam acreditar na existência de um movimento dirigido, de autores ainda não identificados, com o objetivo de promover agitação para desestabilizar os governos oposicionistas dos dois estados. Para o governador do Rio, havia "muita gente inconformada com a democracia". Pouco antes da onda de saques ter início, São Paulo viveu, por três dias, o pesadelo do *lock-out* (greve dos patrões) das empresas de ônibus, que queriam o aumento das tarifas, fato ainda muito frequente em São Paulo. Atrasos, filas, irritação, dificuldade para chegar ao trabalho e voltar para casa e poucos veículos (superlotados) em circulação contribuíram para a eclosão da revolta popular, que destruiu

---

11 *O Movimento*, n.322, de 31.8 a 6.9.81, p.4-5.

26 ônibus – dois incendiados e os demais quebrados a pedradas e pauladas.[12]

Salvador continuou nos anos subsequentes a ser alvo de intensas rebeliões populares e estudantis contra as condições dos transportes públicos e o aumento das tarifas. Em setembro de 2003, manifestações estudantis, motivadas sobretudo pela elevação da tarifa de ônibus de R$ 1,30 para R$1,50, pararam a cidade de Salvador por uma semana. Isso fez que o então prefeito da cidade defendesse a realização de uma reunião do Fórum de Governantes de Cidades em caráter emergencial. O encontro reuniu em Salvador os governantes de outras nove grandes cidades – Belém, Recife, Curitiba, Porto Alegre, Rio de Janeiro, São Paulo, Fortaleza, Belo Horizonte e Brasília. Dizia ele:

> O que nós queremos é aproveitar as manifestações ocorridas em Salvador para discutir a questão das tarifas dos transportes coletivos nas grandes cidades do país ... O problema do transporte coletivo é um assunto de caráter nacional e não pode ser enfrentado somente pelas administrações municipais, tendo que ter a participação da Secretaria Nacional de Transportes, órgão vinculado ao Ministério das Cidades.[13]

Em Salvador, de acordo com a Prefeitura na época, 60% da população (cerca de 1,5 milhão de pessoas) morava em bairros da periferia, que não possuíam infraestrutura. Segundo o prefeito: "São essas pessoas que fizeram o movimento pela redução do preço da tarifa de ônibus. Para elas, R$ 0,01 faz uma grande diferença".

A Polícia Militar de Salvador resolveu intervir, proibindo a interdição de ruas da cidade pelos estudantes. Com a chegada da PM, eles se dispersaram e partiram para outras áreas

---

12 *Jornal do Brasil*, 7.4.1983.
13 *Folha de S. Paulo*, 8.9.2003.

da capital. Segundo o prefeito, a corporação pretendia negociar com os manifestantes. Representantes da Prefeitura e do movimento estudantil decidiram, em reunião, criar uma comissão para avaliar a desoneração da tarifa. A comissão deveria ser composta por representantes dos estudantes, da administração municipal, do governo do estado, da sociedade organizada, da Câmara Municipal, do Sindicato dos Funcionários do Transporte Coletivo e do dos patrões.

As ações em Salvador e as ocupações na periferia de São Paulo, objeto do próximo capítulo, podem ser explicadas pelo medo do desemprego e pelo maior empobrecimento da população. A posição dos movimentos organizados e dos partidos progressistas era de apoio às ações espontâneas, mas com responsabilidade – colocando-se à frente delas e abrindo canais para a reflexão política – sob pena de tais manifestações se esgotarem em si mesmas.

6 O movimento por moradia

Os problemas estruturais na luta por moradia

O tema da moradia talvez seja o mais esclarecedor a respeito de como ocorre a apropriação do espaço urbano e a definição de modos de existência específicos. Ou seja, de como se dá a apropriação diferenciada do espaço urbano, gerando a segregação socioespacial. As condições de existência são, de um lado, geradas pelas características de inserção dos trabalhadores no mercado de trabalho, sobretudo pelo grau de exploração e, por outro, dialeticamente, podem reforçar essa exploração.

Ao exercitar alternativas de sobrevivência – partindo de seus minguados recursos – as famílias trabalhadoras "permitem" que, estruturalmente, se defina uma política salarial, pela qual o custo de reprodução da força de trabalho deixe de ser um ônus para o capital e se transforme, de modo gradativo, em um encargo da própria família. Isto é, o preço da força de trabalho pode ser reduzido, uma vez que o custo de sua reprodução também foi, como vimos no Capítulo 3.

A autoconstrução foi, durante décadas, em especial na década de 1950, uma alternativa à sobrevivência. E, de certo modo, continua sendo. De um lado, porque o processo autoconstrutivo é infindável e, de outro, porque a favelização contemporânea, com seus barracos/casas de alvenaria, se vale desse método. Diminuem-se, assim, os custos com a edificação, há aumento da exploração da força de trabalho, pelo uso do trabalho não pago, ou sobretrabalho, ou seja, as horas de descanso que o trabalhador utiliza para construir sua casa, pois, se fosse mais bem remunerado, ele poderia contratar alguém para fazer esse serviço.

As diferentes formas de apropriação do espaço urbano, respondendo – no caso da população mais pobre – às suas necessidades imediatas de sobrevivência são, na perspectiva do capital, respostas às necessidades de reprodução da força de trabalho.[1]

Podemos então perguntar: qual é a relação entre as condições estruturais da sociedade capitalista e os movimentos sociais por moradia?

Primeiro devemos considerar que uma parcela ponderável da população não consegue participar do chamado mercado imobiliário formal, o que está diretamente relacionado ao preço dos imóveis, tanto para a venda como para a locação, e ao empobrecimento da população, ocasionado pelos baixos salários e pelo grande desemprego. Morar em favela pode ser uma alternativa, mas não o é para todos aqueles que estão fora do mercado formal de moradia. A demanda é sempre maior que a oferta e mesmo os "barracos" de favela, com os preços regidos pelos mesmos mecanismos do mercado formal de moradia, são ainda altos para a parcela mais pobre da população.

Quem consegue pagar pela moradia em áreas mais periféricas terá de se organizar e lutar para conseguir infraestrutura e serviços. Normalmente, trata-se de quem foi morar em loteamentos populares desprovidos de tudo. Essa é a "tecnologia" adotada pelos loteadores para valorizar

---

[1] Francisco de Oliveira também deu uma importante contribuição para o estudo dessa forma de exploração da força de trabalho em *A economia brasileira*: Crítica à razão dualista. Estudos Cebrap, n.12. São Paulo: Cebrap, 1979.

terrenos que ainda não estão disponíveis para o mercado de terras: vende-se primeiro um determinado número de terrenos, estrategicamente localizados, mais distantes dos terrenos ainda "não disponíveis". Depois que surgem os primeiros estabelecimentos comerciais e de serviços, para a satisfação das necessidades básicas (padaria, farmácia, açougue, mercado) e que a mobilização dos moradores já pressionou o poder público por infraestrutura e serviços (calçamento de ruas, asfalto, transporte público, redes de abastecimento de água e luz, escolas, postos de saúde etc.), os demais lotes, valorizados com a urbanização ocorrida, são postos à venda.

Além disso, a existência de loteamentos mais distantes possibilita que os demais, mais bem situados e providos de infraestrutura urbana, tenham sua valorização constantemente redefinida, por incorporarem uma renda diferencial em relação aos primeiros lotes, em situação pior.[2]

As mobilizações dos moradores podem ser o embrião de futuros movimentos sociais, que, porém, não se esgotam simplesmente com o atendimento de suas reivindicações. Podem aliviar as tensões, amenizando os problemas, mas permanece a questão de fundo, que é a valorização da terra urbana, expulsando para mais longe, ou para áreas degradadas, aqueles que não conseguem arcar com os custos dessa valorização. Os próprios programas habitacionais levados a efeito, a partir da década de 1970, representaram excelente oportunidade de se obter lucros pelos investimentos empresariais no setor imobiliário, enormemente beneficiado com incentivos governamentais.

Outro aspecto do processo de urbanização que expulsa os mais pobres dos lugares mais bem providos de recursos é o fato de o poder público precisar investir em obras que

---

[2] SANTOS, Regina Bega dos, op. cit., p.120.

assegurem a eficiência na circulação de capitais, levando parcelas consideráveis dos moradores da cidade a se deslocarem para lugares menos valorizados, ainda não intensamente atingidos pelos investimentos. Nessas áreas serão piores as condições para a reprodução da força de trabalho: mais distantes do mercado de trabalho e com maiores dificuldades de acesso aos bens e aos serviços necessários. A ausência dessas condições essenciais para a eficiência da força de trabalho comprometerá a produtividade individual do trabalhador que ali mora, pelo longo tempo despendido no transporte coletivo, além dos constantes atrasos no deslocamento para o trabalho.

Uma das contradições de nossa sociedade é que todo e qualquer investimento que se faça no espaço público ou privado, quer com a reprodução da força de trabalho, quer com a criação de infraestrutura, no fim favorece a acumulação de capital. A princípio isso pode representar um ônus, um dispêndio aparentemente "sem retorno", o que não ocorre se responder aos interesses de desenvolvimento das forças produtivas.

Os programas habitacionais, inicialmente criados para a chamada população "de baixa renda", beneficiaram, na prática, muito mais os setores de classe média, pois os mais pobres não conseguiam cumprir as exigências burocráticas para se inscrever em tais programas: comprovar renda familiar mínima, garantia de emprego etc. Além disso, muitos dos que conseguiam cumprir as formalidades legais tempos depois perdiam o imóvel, em virtude do desemprego ou da diminuição dos rendimentos familiares.

A Cohab, criada para a construção de moradia destinada à população mais pobre, exigia uma série de documentos e procedimentos que poucos conseguiam cumprir, entre eles renda e estabilidade de emprego, segundo critérios do Sistema Financeiro de Habitação (SFH) do governo federal. Cerca de 50% das pessoas dispostas a se inscrever no programa eram eliminadas por apresentarem renda inferior à exigida e a proporção dos efetivamente atendidos era de 2,6%, segundo dados do próprio Sistema. Isto é, a política habitacional criada para atender à população de baixa renda vale-se do próprio critério de renda para eliminar os que necessitam de moradia popular. São esses problemas estruturais que irão alimentar os movimentos populares por moradia ou por equipamentos coletivos.

Uma das causas, em geral, invocada para o problema de moradia é o chamado "déficit habitacional" que não é, como pode parecer, consequência do número de habitantes. Suas causas são estruturais e relacionadas ao uso da terra urbana como mercadoria, à valorização especulativa desta, aos processos construtivos mercantis e às desigualdades sociais existentes. Esse é um dos aspectos da segregação socioespacial resultante dos conflitos e das contradições da sociedade contemporânea, que se manifestam diferentemente em cada lugar.

Entretanto, a forma que a cidade adquire não é definida apenas pelos aspectos estruturais, ou tão só relacionada à forma como se insere no processo de desenvolvimento global. O arranjo é feito sobre uma forma preexistente. Isso significa que as formas espaciais herdadas do passado influenciam as configurações espaciais do presente, atuando na dinâmica de transformação das sociedades. Funcionam como *determinações histórico-geográficas*. Isto não quer dizer que o caminho a ser percorrido esteja previamente definido. O que ocorre é que as ações – quaisquer que sejam – são realizadas sobre essas condições, ou ocorrem de acordo com essas circunstâncias e o resultado depende da união entre condições e ações. Dito de outro modo, as ações interpretam as condições, usam as condições materiais a favor ou contra determinados objetivos.

Portanto, as formas espaciais vão se delineando conforme evoluem as contradições da sociedade e como politicamente estas são resolvidas, ou seja, dependendo do grau de organização e da força política de cada classe, ou de cada grupo participante do processo.

Em síntese, qualquer investimento realizado implica uma maior valorização do espaço, em geral muito acima do que a parcela mais explorada da classe trabalhadora pode pagar. Ela é, então, expulsa para as áreas menos valorizadas, as quais, mais cedo ou mais tarde, serão alcançadas pelas inversões capitalistas e daí, nova expulsão... Assim, a cidade se expande sempre, incorporando novas áreas e segregando seus moradores de acordo com a estratificação social.

Porém, dependendo do nível de organização da população e, portanto, de seu poder de pressão, poderão ser alteradas as prioridades e as políticas habitacionais. Os movimentos por moradia têm esse objetivo: lutam pelo direito a um lugar para morar. Como isso poderá ser resolvido dependerá do nível de organização desses movimentos e, consequentemente, da correlação de forças daí decorrentes. A organização do espaço que prevalecerá será fruto do desenrolar desse processo contraditório.

Os movimentos específicos

A luta por moradia desdobra-se em vários movimentos específicos, como o de favelas; as ocupações coletivas de terras urbanas, quando se formam os chamados mutirões; o movimento dos sem-teto e o dos moradores de cortiços. Cada um deles tem sua própria organização, muitas vezes até mais de uma, pois os movimentos populares sofreram um processo de fragmentação, como já vimos. Atualmente, porém, há uma aglutinação dos diversos grupos, por meio de algumas associações organizadas em escala nacional, como a União dos Movimentos de Moradia Popular.

O MOVIMENTO DE FAVELAS

Os movimentos de favelas, normalmente, iniciam-se quando existe a possibilidade de estas serem removidas. Em geral, os moradores têm sua vida organizada naquele entorno e não aceitam facilmente a ideia de ir para outro lugar, quase sempre mais distante. Podem também se unir para lutar por luz e água, encaradas como direitos que lhes conferem cidadania: podem comprovar o endereço, comprar a prazo, receber correspondência etc.

No entanto, trata-se de uma cidadania de "segunda classe"[3] – como se fossem cidadãos de uma "categoria" inferior –, o que pode ser comprovado pela forma de distribuição da conta de luz: na favela é um encargo dos moradores; para os demais cidadãos é um serviço público.

Os moradores das favelas lutam, também, pelo *direito real de uso das terras públicas*, sem pagamento de taxas. Consideram que morar é um direito e é dever do poder público garanti-lo. Para as favelas instaladas em propriedade privada, ou em terrenos de bens dominiais, a proposta dos movimentos tem sido a de obtenção do direito de usucapião após três anos de posse sem contestação pelo proprietário. Contudo, pela Constituição de 1988 o que se conseguiu foi a aprovação de um período de cinco anos de posse.

A luta dos movimentos de favela, em geral, não é pela propriedade do imóvel e, sim, pela posse coletiva, razão pela qual são contra o pagamento de taxas. Mas não há consenso sobre isso. Essa é a posição das lideranças, pois, em geral, a maioria dos moradores ambiciona a propriedade privada individual. Aqui se coloca uma questão: como se pode exigir

---
[3] SANTOS, Milton. *O espaço do cidadão*. São Paulo: Nobel. 1987.

esse tipo de consciência de uma camada de trabalhadores tão *espoliada*? Como impedir que os mais pobres não ambicionem a casa própria, em uma sociedade na qual a valorização da propriedade privada tem um grande peso, simbolizando *status*, segurança, responsabilidade?

A seguir reproduzimos alguns depoimentos contundentes de moradores de favelas, relatados por Rodrigues em sua tese de doutorado:

– "Não quero nada de graça, quero pagar, como puder.";
– "a posse a gente já tem, o que eu quero é o papel dizendo que a terra e o barraco é meu, senão, daqui a pouco, eles querem expulsar a gente de novo";
– "O que me interessa é a garantia que não vou sair, sem o papel qual é a garantia?" [4]

A Igreja Católica desempenhou, historicamente, um importante papel na mobilização popular por moradia. Em 1967, foi criada no Rio de Janeiro uma Pastoral de Favelas, depois do I Congresso dos Moradores em Favelas do Rio de Janeiro, contra a remoção e em prol do direito da posse coletiva dos terrenos, melhorias viárias, redes de esgoto, água, luz etc. O Movimento de Defesa dos Moradores em Favelas (MDF) foi criado em 1975 para lutar por essas reivindicações. Obteve-se maior conscientização sobre o processo contraditório de urbanização no Brasil e as distorções provocadas pela apropriação antissocial do solo urbano. O grande crescimento da população moradora das favelas favorece essa conscientização. Segundo a Fundação Leão XXIII, a população moradora das favelas no Rio de Janeiro representava 10,2% da população total, em 1960, e, em 1979, passou a representar 17,9%.

Em São Paulo, de acordo com a Prefeitura, o número de pessoas morando em favelas, que em 1972 era de 42 mil

---
4 RODRIGUES, Arlete Moisés, op. cit. p. 232 e 220.

(0,6% da população), passou para 880 mil em 1979 (10,0% da população). A partir de 1978 os moradores das favelas de São Paulo passaram também a se reunir de maneira mais organizada para reivindicar não só infraestrutura – luz, água etc. – mas, sobretudo o direito à moradia, como ocorreu na Favela São Remo, no Butantã.

A movimentação conjunta desses moradores foi possível graças a um decreto municipal de 1978, que determinava que as Administrações Regionais deveriam urbanizar as praças, os espaços livres e as áreas verdes do município e, caso estivessem "invadidas" com características de favelamento, deveriam ser desocupadas, com o auxílio do Serviço Social e, se necessário, da força policial. Em resumo, pretendia-se remover os moradores de favelas em terrenos da Prefeitura localizados nas baixadas mais desvalorizadas, isto é, nas beiras dos córregos sujeitas às inundações.

Rodrigues relata que os moradores atingidos por esse decreto passaram a se reunir para discutir essa determinação e organizaram mutirões para melhorar o ambiente das favelas, o que também contribuía para a melhor organização do movimento. Atividades culturais – shows, teatro, cinema – foram promovidas para angariar dinheiro para as concentrações na sede da Prefeitura, na Light e na Sabesp. O movimento foi parcialmente vitorioso: o prefeito retrocedeu e criou o Fundo de Atendimento à População Moradora de Habitação Subnormal (Funaps), para a população com até quatro salários-mínimos de renda. Os moradores das favelas tinham direito à representação nesse Fundo, mas deveriam ser escolhidos pelo prefeito. Assim, a possibilidade de atendimento das reivindicações deles estaria bem distante.

Posteriormente, com a mudança de prefeito, foi alterada a política para as favelas. Elaborou-se um plano de melhorias urbanas para 36 das novecentas favelas do município! E foram selecionadas justamente aquelas onde os moradores estavam mais organizados e já haviam conseguido muitas melhorias. A Prefeitura prometeu, até mesmo, empregos para os líderes dessas comunidades.

Em Campinas, a partir de 1979, os moradores de favelas formaram uma associação popular chamada Assembleia do Povo, que passou a mobilizar a população da periferia da cidade. O prefeito na ocasião, pressionado por esses moradores, acabou por sugerir que eles elaborassem um projeto de lei que contemplasse suas reivindicações. Os moradores não só fizeram o projeto, como acrescentaram a este pareceres favoráveis de eminentes juristas do município. O projeto previa a posse definitiva dos terrenos onde moravam. O prefeito não teve outra alternativa a não ser enviar o projeto à Câmara de Vereadores, o que lhe trouxe sérios problemas, sofrendo até mesmo ameaça de "impeachment" por parte da Câmara, que, na época, tinha uma composição bastante reacionária.

Anteriormente, o movimento de moradores das favelas da cidade já havia conseguido o compromisso da Prefeitura de não remover nenhum barraco até o final daquela gestão, bem como outras melhorias, como drenagens, canalizações e a instalação de redes de água e luz.

No Rio de Janeiro, o poder público tentou controlar as associações de favelas e atrelar os movimentos por meio da legislação, transformando a Associação de Moradores em Favelas em uma instância de representação do Estado, com atribuições específicas do poder público, como a de fornecimento de atestado de residência. Para funcionar, as associações tinham de ser reconhecidas oficialmente pelo poder público, por intermédio da Fundação Leão XXIII. As associações corriam o risco de tornarem-se, assim, órgãos controladores dos moradores em favelas. Entre suas atribuições deveriam: 1) controlar o crescimento da favela, impedindo a construção de novos barracos; 2) controlar o trabalho de melhoramento dos barracos, estabelecendo normas de segurança técnicas e urbanísticas, que dificultariam o trabalho de melhoramento; e 3) padronizar os estatutos para que a Leão XXIII se tornasse supervisora das associações. Até mesmo as eleições de seus membros deveriam ser feitas com a participação da fundação.

Tal forma de controle acabou sendo inoperante, pois a maioria das associações, mesmo ligadas à fundação, procurou incentivar a mobilização dos moradores em favelas. As formas de controle mais eficazes continuaram sendo aquelas do tipo populista, por meio dos postos de saúde e das creches.

Rocinha: favela para turista ver

A Rocinha é quase uma cidade, espalhada no morro da Gávea, a caminho da Barra da Tijuca, no Rio de Janeiro. Perto dali estão os grandes projetos turísticos do Rio, os enormes hotéis internacionais, os motéis sofisticados. E é exatamente a Rocinha, com os seus 200 mil habitantes, que fornece a mão de obra para o atendimento dos milhares de turistas que circulam pelas areias da Barra.

Como qualquer cidade, a Rocinha tem uma área "nobre", um bairro "fino", e outras partes mais miseráveis. A "classe alta" – motoristas de táxi, garçons, pequenos comerciantes locais – mora em Barcelos, junto do asfalto. Por ali as ruas são calçadas, existe um coletor de lixo e mesmo algumas casas de alvenaria. Mas nas partes mais altas do morro, onde cada ruela é uma pirambeira perigosa, moram os "pobres", a grande maioria dos favelados da Rocinha.

Por estranho que possa parecer, o intrincado mundo das vielas e becos com os seus barracos de qualquer coisa – madeira, papelão, plástico, lata – tem luz elétrica. Mas, também estranhamente, é distribuída por uma central que a Light colocou no pé do morro e entregou para um morador para que ele mesmo cobre e organize a distribuição. Segundo os moradores da Rocinha, por esse sistema pagam muito mais caro a energia elétrica do que qualquer outro bairro da cidade. E como toda favela, de qualquer cidade brasileira, a Rocinha não tem água encanada, nem esgotos e os serviços de saúde são os mais precários possíveis: para atender as 200 mil pessoas só existe um posto médico.[5]

Rocinha

A favela da Rocinha (zona sul do Rio) parou completamente ontem, um dia após a morte do chefe do tráfico de drogas ... Lulu em um tiroteio com a polícia.

Apesar de a favela estar ocupada desde segunda-feira por 1.300 policiais, nenhuma loja abriu, os camelôs não trabalharam, escolas e bancos não funcionaram, mototáxis não circularam e os serviços mantidos pela prefeitura, como a coleta de lixo, foram interrompidos. As ruas da favela, tradicionalmente movimentadas e com trânsito complicado, ficaram vazias e repletas de lixo, que não foi recolhido. Parecia feriado.

Segundo representantes de associações de moradores da Rocinha que não quiseram se identificar, Lulu era querido na comunidade. Eles disseram que, embora levasse uma "vida errada", o traficante respeitava os moradores e ocupava o papel do poder público em algumas ocasiões.

... Os moradores estão temerosos que o traficante ... Dudu, rival de Lulu e odiado na comunidade, tente novamente invadir a Rocinha...

A guerra entre os dois criminosos, iniciada na madrugada de sexta-feira, deixou 12 mortos até anteontem...

O Presidente da União Pró-Melhoramentos da Rocinha, William de Oliveira, disse que "ninguém sabe o que pode acontecer". A Rocinha sempre foi pacífica e ordeira ...[6]

A Rocinha começou a ser ocupada no fim da década de 1920 por operários. A partir de 1992, passou a ser considerada oficialmente um bairro. Em 2007 estimava-se que mora-

---
5 *O Movimento*, p. 9-10, 22 a 28.10.1979.
6 *Folha de S. Paulo*, Cotidiano, C5, 16.4.2004.

vam ali cerca de 120 mil pessoas, mas pode ser muito mais, e já foi muito mais. Na década de 1970 chegou a abrigar 200 mil pessoas (como informado no box). A Rocinha tem uma associação, a União Pró-Melhoramentos da Rocinha, que objetiva divulgar com um *site* na internet (*www. rocinha.org. br*), o cotidiano ligado ao mundo do trabalho da comunidade, os projetos culturais e urbanísticos – com investimentos do Plano de Aceleração de Crescimento (PAC) do governo federal –, entre outros, tentando desmistificar a ideia de que a Rocinha *é lugar de bandido*.

Em São Paulo, a partir de 1981, houve uma diversificação dos movimentos de moradia, com os movimentos de cortiços, dos sem-terra, dos mutirões para construção, das ocupações e, finalmente, da União dos Movimentos de Moradia Popular, iniciado na Zona Leste. No decorrer da década, o movimento por moradia foi organizado em escala nacional, em decorrência da luta pela aprovação de um projeto de lei, de iniciativa popular, visando à criação de um Fundo Nacional de Moradia Popular. O movimento foi fortalecido com as propostas apresentadas pela Articulação Nacional do Solo Urbano (Ansur) para as diversas instâncias governamentais (municipais, estaduais, federais), em relação aos planos diretores, à legislação sobre o uso do solo urbano e à moradia popular.

O Movimento de Defesa do Favelado (MDF), da região episcopal do Belém (Zona Leste paulistana), conforme já vimos, conseguiu, na década seguinte, se organizar nacionalmente. Realizou vários Encontros Nacionais de Favelas, contando com a ajuda das pastorais que trabalham com favelas em diversos estados, como Santa Catarina, São Paulo, Minas Gerais, Paraná, Rio de Janeiro, Mato Grosso, Goiás e alguns estados do Nordeste.

Não se procurava, entretanto, a institucionalização do movimento. Tudo continuava descentralizado, interligado por redes sociais vinculadas à Igreja que, até hoje, continuam promovendo encontros para a troca de experiências, produção de boletins informativos, como o *Teto e Chão*. O MDF, embora criado na década de 1970, só foi instituído oficialmente em 1985. Os primeiros projetos elaborados beneficiaram em particular a Favela da Vila Prudente, uma das maiores da cidade de São Paulo. Em meados da década de 2000 congregava cerca de cinquenta favelas da região do Belém, procurando assessorar e conscientizar seus moradores. A equipe do Movimento conta com agentes pastorais, advogados, assistentes sociais, engenheiros, arquitetos e muitos outros profissionais envolvidos com a causa popular. Com a comunidade, são cerca de 77 mil pessoas atuando em 41 favelas da região.

AS OCUPAÇÕES COLETIVAS DE TERRAS URBANAS: OS MUTIRÕES

Antes de mais nada é importante enfatizar a questão da nomenclatura: há um termo muito empregado pela grande imprensa e pelo poder público: "invasão". Os participantes dos movimentos populares se autodenominam *ocupantes* e não *invasores*. A diferença não é simplesmente semântica. No uso do termo *invasão* estão implícitas a ilegalidade e a violência da ação: invadir a privacidade ou a propriedade de outrem. Trata-se de uma ação ilegítima. O termo *ocupação* relaciona-se à conquista de um direito: ocupa-se o que é de direito. Aquilo que em algum momento, do passado ou do presente, foi usurpado de um grupo ou classe social, mesmo que não tenha sido "diretamente" usurpado. Mas a desigualdade social, que também significa desigualdade de oportunidades, a exploração e a espoliação urbana impediram que esses cidadãos mais pobres tivessem acesso à propriedade da terra ou à moradia. Não é irrelevante, portanto, a diferenciação.

A onda de ocupações entre o final da década de 1970 e durante a de 1980 foi muito acentuada no município de

São Paulo. Entre 1981 a 1984, houve 65 ocupações, sendo dezoito em áreas particulares e 27 em áreas públicas, com a participação de 9.358 famílias. Em 1987, ocorreram 222 ocupações, com cerca de 32 mil famílias.

Os movimentos de ocupação, além de lutarem pela permanência nas áreas ocupadas, têm de, depois de conquistada a terra, enfrentar outra questão: como as casas serão construídas? Para isso, podem utilizar os serviços de empreiteiras. A justificativa para convencê-los é a de que "as unidades serão mais rapidamente construídas e de melhor qualidade". Por trás dessa proposta estão os interesses da indústria da construção civil, que exerce sua influência sobre o poder público para conseguir os contratos. Na maioria das vezes, essa opção não é de interesse dos movimentos, pois isso pode contribuir para a desarticulação destes, uma vez que, por esse processo, não há oportunidade de organização solidária dos moradores.

Rodrigues constatou com seu trabalho de pesquisa que os participantes dos movimentos, em geral, consideram *o mutirão* uma opção melhor, por ser processo de trabalho conjunto, organizado e discutido entre os participantes, em que a solidariedade ou a ajuda mútua é o que conta para se obter coletivamente o direito à moradia. A solidariedade entre os participantes é semelhante à da autoconstrução, quando para as empreitadas mais difíceis, como a construção da laje, conta-se com a ajuda de parentes, amigos e vizinhos. A autoconstrução é um processo solidário de edificação da casa própria para obtenção da propriedade privada. Já no mutirão, é o coletivo que conta na luta por justiça social. Rodrigues ainda discute que para eles o processo construtivo em mutirão representa uma forma de organização importante, pois podem discutir entre cada uma das etapas da construção. Além disso, as habitações ficam mais baratas, pois não são computados os custos com as empreiteiras.

Frequentemente, as áreas de ocupação coletiva são confundidas com favelas. No entanto, são diferentes em vários aspectos, chegando mesmo a haver, algumas vezes, conflitos de interesses entre os moradores dos mutirões (ocupações coletivas) e os moradores das favelas. Diferenciam-se pela forma de organização: um grupo, após uma ocupação, passa a ser ponto de apoio de um novo grupo. Consideram que a melhor forma de passar a experiência é vivenciá-la com quem está em situação semelhante, assim as experiências de vida moldam as formas de atuação desses novos sujeitos políticos.

Os movimentos de ocupação de terras conseguem atrair moradores em cortiços e em favelas, além de moradores em pequenas habitações alugadas, pela possibilidade de, com esse movimento, conseguir a propriedade de um lote urbano. Quem mais participa desse tipo de movimento são aqueles que pagam aluguel e não conseguem mais arcar com esse custo. A explicação para uma menor participação de moradores das favelas encontra-se no temor de perder o lugar de moradia já conquistado e não conseguir outro com a participação no movimento de ocupação. Quer dizer, *não trocam o certo pelo duvidoso.*

Segundo pesquisa, por nós realizada, no Jornal *O Movimento*, nesse período (décadas de 1970 e 80), também no Rio de Janeiro, principalmente na Baixada Fluminense, houve grande mobilização ligada ao movimento de ocupações. A existência de enorme quantidade de terras públicas não utilizadas, em áreas densamente ocupadas, provocou a eclosão de vários movimentos pela posse da terra. Alguns desses movimentos objetivavam o cultivo das terras, como o do Núcleo Agrícola Fluminense, em Duque de Caxias, na região de Morro Grande e Capivari. A ocupação tinha por objetivo o cultivo em regime comunitário, a fim de manter a produção agrícola perto das cidades, para que os alimentos ficassem mais baratos, segundo declarações de participantes.

Na mesma ocasião, houve outra ocupação em uma fazenda subaproveitada do Ministério da Agricultura, no Parque Estoril. Muitos ocupantes foram presos e os demais, expulsos. O retorno só foi possível com a intervenção da Igreja, quando se iniciou o cultivo da fazenda também para abastecimento urbano.

Já em Belfort Roxo, no Bairro de Nova Aurora, 4 mil pessoas se organizaram no movimento pela moradia com o apoio da Igreja Católica. Na extensa planície viviam, em 1981, mais de 2 milhões de pessoas, consideradas *de baixa renda*. A gleba pertencia à Prefeitura de Nova Iguaçu e a maioria dos inscritos, para conseguir um lote morava ali mesmo, no maior município da Baixada Fluminense. Mas vieram também pessoas de Caxias, Nilópolis, São João do Meriti. Mais gente das favelas do Rio, de Itaguaí, Paracambi e do outro lado da baía de Guanabara, de Magé, São Gonçalo, Niterói.

O movimento de Nova Aurora começou sob influência das invasões camponesas. A maioria dos participantes era ex-camponês, expulso para a periferia das grandes cidades. De início eram poucos e considerados radicais, mas o movimento foi se legitimando e crescendo, com o apoio da Igreja, do Movimento de Amigos do Bairro (MABED), de advogados, engenheiros, jornalistas.

Primeiro, pensaram em ocupar a terra, mas depois desistiram e encaminharam o pedido de doação para a Prefeitura, que concordou, fazendo uma parceria com a Caixa Econômica para financiar a construção e instalar a infraestrutura. Os participantes formaram uma associação para a construção das casas, chamada O Mutirão. Mas os burocratas, como sempre, colocaram empecilhos, como a quantidade de documentos exigidos. Com isso, muita gente ficou de fora, pois não tinha nem a metade dos documentos necessários.

As ocupações continuaram ocorrendo em quase todas as grandes cidades do país. Entre 1977-81, houve em Recife sessenta ocupações (cerca de duas por mês), com o fortalecimento dos movimentos populares urbanos pela legalização da posse da terra. Várias associações de moradores foram criadas: Coque, Ilha de Joaneiro, Mamanguape, Chie, Brasília Teimosa. Em Salvador, no fim de 1981, havia 150 ocupações, com 900 mil pessoas morando precariamente. Um terço da população de Salvador, na época, vivia em moradias consideradas *anormais* pela Prefeitura.

Ainda em São Paulo, nessa mesma década, ocorreu a ocupação de um terreno pertencente à Previdência Social, nas margens da Represa de Guarapiranga, da qual participaram aproximadamente 3 mil famílias.

Em Campinas – com um déficit habitacional de 40 mil unidades – houve 121 ocupações do início da década de 1990 até março de 2003. Segundo a Cohab, cerca de 160 mil pessoas vivem irregularmente na cidade em áreas de risco, favelas ou ocupações. O Parque Oziel e o Jardim Monte Cristo, na saída da cidade, próximos à Via Anhanguera, estrada que liga Campinas a São Paulo, representam, juntos, a maior ocupação de terras urbanas do Brasil. Iniciadas por um grupo de trinta famílias, as duas ocupações abrigam atualmente 6 mil. Vivem no Oziel 35 mil pessoas – esse nome foi dado em homenagem a um trabalhador rural morto durante o conflito com a PM em Eldorado de Carajás, no Pará.

Os movimentos por moradia permitem uma nova representação do urbano para os moradores espoliados, aumentando sua representatividade política e sua visibilidade. Aparecem nos meios de comunicação; concentram-se em gabinetes de prefeitos, de empresas públicas. Ocupam com suas manifestações áreas "nobres" da cidade, lugares de "status", como o parque do Ibirapuera ou a avenida Paulista, em São Paulo, levando para lá um pouco da pobreza da periferia.

A procura de uma área para ocupar envolve a apropriação de um conhecimento sobre a produção da cidade e dos mecanismos jurídicos que regem a propriedade da terra. Significa perceber que existem amplas áreas desocupadas, com asfalto, ônibus, luz, água, e outras distantes, densamente ocupadas, mas sem água, luz, asfalto etc. Para se deslocar dos lugares "opacos" para esses lugares literalmente "iluminados" é preciso gastar horas dentro de um ônibus ou trem. Os direitos, pelos quais lutam, são obtidos apenas parcialmente. O arruamento é obrigação do próprio ocupante. As ruas têm de ser abertas com largura oficial, os lotes com a metragem de lei, com lugares reservados para os equipamentos públicos: praças, escolas, postos de saúde etc. Sabem pensar a cidade, conhecem a legislação e sabem se organizar. Assim, por meio desses movimentos vão sendo criados laços de identidade. A identidade encontrada na procura de um lugar para morar faz parte de um processo de conscientização dos direitos reais de cidadania, da compreensão de que a luta na esfera do consumo integra a luta na esfera da produção.

O MOVIMENTO DOS SEM-TETO E DOS MORADORES DE CORTIÇOS

Segundo dados da Fundação Getulio Vargas, a população de indigentes no município de São Paulo em 1991, que era de 8,0%, passou em 2000 para 12,0%. Já no Rio de Janeiro, a taxa foi reduzida, de 16,36% para 13,32% no mesmo período. Com o crescimento da pobreza, e mesmo da miséria, aumentou a quantidade de pessoas que não têm onde morar e perambulam pelas ruas; desse modo, muitas delas mantêm contato com os movimentos organizados, aderindo à luta, como a dos *sem-teto* do centro de São Paulo.

O aumento nas ocupações de prédios e casas abandonadas chama a atenção para a necessidade de efetivação da *reforma urbana e de se garantir o direito de moradia*. Segundo informações da Pastoral de Moradia da Arquidiocese de São Paulo, "a invasão de prédios abandonados e terrenos na periferia deve crescer, por causa da exclusão social".

Somente em julho de 2000 houve quinze ocupações de prédios abandonados no Centro de São Paulo, envolvendo 1.696 pessoas. Nos anos posteriores tal fato se repetiria. Em abril de 2004, em um mesmo dia, os diversos movimentos organizados da cidade de São Paulo fizeram sete ocupações, sendo cinco em prédios públicos, envolvendo de 2.500 a 8 mil pessoas, conforme a fonte. Os principais alvos foram prédios do governo do estado. As ações foram seguidas de passeatas ao longo do dia. Segundo as lideranças, o objetivo não era o de permanecer nas áreas ocupadas, mas apenas promover uma mobilização política que despertasse a atenção das autoridades. Novas ocupações foram planejadas para os dias seguintes em diversas outras cidades, como Santos, Campinas, Teresina (PI), Curitiba (PR) e Goiânia (GO), até culminar com uma grande passeata em Brasília, programada para maio. Concomitantemente às ocupações em São Paulo, houve mais duas em Recife (PE), onde quinhentas famílias ocuparam uma área do Ibama, em cabo de Santo Agostinho.

Os movimentos articulados nacionalmente reivindicam a criação de um fundo e de um conselho nacional e estadual de moradia, com debate popular sobre a destinação das verbas, mudanças nos critérios da Caixa Econômica para a concessão de financiamento, criação de programas de mutirão e descentralização das verbas para a habitação.

Todo esse quadro se relaciona com a não efetivação da Reforma Urbana, de acordo com os princípios da Constituição de 1988 e do Estatuto da Cidade. A elaboração da Proposta de Iniciativa Popular sobre a Reforma Urbana levou em consideração as carências no processo de produção da cidade e da moradia, procurando superar a visão fragmentada de espaço urbano, para se chegar ao conhecimento da produção e da ocupação do espaço em sua complexidade. A proposta de Emenda Popular submete a propriedade à função social, estabelecendo os critérios e a base para se saber se a propriedade está cumprindo essa função. No entanto, há muitos entraves políticos e econômicos impedindo a aplicação da lei.

Mas a luta continua. Dela participam os movimentos tradicionais que reivindicam maiores investimentos na produção de moradias e movimentos, como o de cortiços, que lutam por moradia digna e pelo direito de permanecer na área central. Todos esses movimentos têm consciência de que o problema não é a falta de habitação para os *sem-teto*, quando se leva em conta a grande quantidade de imóveis vazios em relação à população estimada de sem-teto. Só na cidade de São Paulo, segundo pesquisa do Instituto Brasileiro de Geografia e Estatística (IBGE), havia cerca de 350 mil imóveis vazios em 2000.

Considerando este fato, a Prefeitura de São Paulo (gestão Marta Suplicy) propôs liberar edifícios desocupados do centro para a população de rua, já que os programas habitacionais convencionais, com financiamento da moradia pela Cohab ou pela Companhia de Desenvolvimento Habitacional e Urbano (CDHU), não atendem esse segmento da população – *"a população sem"*: sem renda, sem emprego, sem moradia, muitas vezes sem documento.

Quanto ao movimento de cortiços da cidade de São Paulo, inicialmente unitário (surgiu na década de 1970), acabou fragmentando-se em quatro movimentos (década de 1990) que lutam por moradia no Centro de São Paulo: Unificação das Lutas de Cortiços (ULC), Fórum dos Cortiços (FC), Movimento de Moradia no Centro (MMC) e Movimento dos Sem-Teto do Centro (MSTC). Divergências políticas entre as lideranças e de métodos de atuação motivaram a cisão. Contudo, todos eles são filiados à União dos Movimentos de Moradia (UMM).

A expectativa quanto à aquisição ou à obtenção da casa própria é um dos pontos nevrálgicos de todos esses movimentos. Trata-se de um desejo legítimo de segurança econômica e social manipulado ideologicamente. O poder público, em geral, utiliza esse interesse para cooptar parte das bases dos movimentos, enfraquecendo-os e deixando exposta a contradição básica destes: a luta pela "casa própria" reafirma a propriedade privada, um dos principais obstáculos para o acesso à moradia.

Alguns grupos começam a ter clareza dessa situação, discutindo a possibilidade de *locação social do imóvel*, isto é, o pagamento de uma espécie de aluguel, de acordo com a qualidade do imóvel e as possibilidades de pagamento do conjunto de famílias envolvidas, garantindo-se o direito de permanência. Apesar disso, o forte sentimento de solidariedade desenvolvido nos movimentos tem um poder de coesão muito grande. As parcerias com diversas ONGs que fornecem assessoria jurídica e técnica também auxiliam em seu fortalecimento.

Um dos problemas mais delicados enfrentados é conseguir que pessoas com potencial para participar dessas lutas acreditem no movimento e em sua capacidade de atingir resultados pretendidos. Muitos dos que moram nos cortiços inscrevem-se, mas deixam de participar por não acreditar no movimento e pelo medo da manipulação. Assim, por exemplo, o Fórum de Cortiços chegou a ter mil pessoas cadastradas, mas somente trezentas participando de suas atividades.

Os sem-teto já têm relativa articulação pela União dos Movimentos de Moradia, organizado hoje em escala nacional, que engloba inquilinos em dificuldade para pagar aluguéis, encortiçados, moradores em favelas e Associações de Mutirões, entidade que congrega pessoas que, por meio dos mutirões, conseguiram sua casa. Tais movimentos "têm uma importância vital para conter o crescimento das favelas nas cidades". Em treze anos de existência desses movimentos, foram conquistadas 25 mil moradias.

No box pode-se ver como os meios de comunicação em geral lidam com esse tema.

> ### Pacote de Invasões (23.7.2003)
>
> Em menos de meia hora, militantes de 12 movimentos de ocupação de prédios em São Paulo invadiram quatro edifícios no Centro (três de hotéis e um de apartamentos). Depois de minuciosa preparação, a ação sincronizada consumou o projeto. Chegando antes, a PM conseguiu frustrar duas outras invasões que eram parte do pacote. A experiência das invasões tem estatística: 400 prédios apenas no Centro de São Paulo. O fato gerado coincide com a ofensiva rural do MST para marcar posição e obter o beneplácito do governo Luiz Inácio Lula da Silva. É um aviso amigo. Para a coordenadora-executiva das invasões do Centro de São Paulo, Jeanete Araújo, as invasões "estão ajudando Lula a governar" ... Ano passado, os grupos ocuparam, ordenada e metodicamente, 16 prédios e reivindicaram que a Caixa Econômica Federal pagasse a indenização aos proprietários. Conclusão: quanto mais numerosas são as ocupações, maior a massa de manobras nas invasões urbanas.
>
> A onda predadora da madrugada de segunda-feira foi precedida, com 24 horas antes, pelas 300 famílias, igualmente sem teto, na invasão da área da Volkswagen em São Bernardo, ao som de brados de convocação de quem quisesse se habilitar... Para não ser esquecido, a ocupação urbana faz contraponto com as invasões rurais. A criação de fatos consumados é a maneira de bater, politicamente, à porta oficial para se fazer lembrado...[7]

---

[7] Fundação Getulio Vargas classifica como miseráveis as pessoas com renda mensal *per capita* inferior a R$ 79 (em 2004), valor necessário, de acordo com preços de São Paulo, para garantir a ingestão mínima de alimentos recomendada pela Organização Mundial de Saúde (OMS). "Mapa do Fim da Fome 2". Centro de Políticas Sociais da FGV.
Editorial de "Amigos da Terra – Amazônia Brasileira". Amazônia.org.br.

Percebe-se por algumas palavras, cuidadosamente escolhidas, um posicionamento – que não é, entretanto, explícita – de condenação aos movimentos de ocupação. Fica claro que não são considerados atos legítimos. Sem dúvida, a ocupação é um ato extremo, mas é a forma que os sem-teto encontraram de pressionar para ter seus direitos respeitados. A realidade tem mostrado a esses setores mais pobres da população que a única maneira viável de conseguir um lugar para morar é pelas ocupações.

7 Impasses contemporâneos e as possibilidades de construção de uma nova cidadania

Os novos movimentos sociais e as relações entre subjetividade e cidadania

O uso indiscriminado do conceito de cidadania, na contemporaneidade, tem provocado algumas inquietudes justificadas. É preciso retornar ao sentido original do conceito. Doimo lembra que esse conceito construído com o capitalismo pelas revoluções sociais e burguesas sobretudo nos séculos XVII e XVIII é utilizado, contemporaneamente, como solução para as situações de desigualdade e injustiça social. Praticar a cidadania pode, aparentemente, resolver todos os problemas. Isso demonstra a dificuldade de se encontrarem ou de se definirem as contradições contemporâneas. Cidadania pode estar se transformando em uma *palavra-mito*, com uma força simbólica desproporcional a seu significado conceitual, como se tivesse vida própria para redimir as relações de exclusão social. Nos países centrais, a *cidadania cívica e política*, relacionada às garantias de direitos cívicos universais (votar e ser votado, liberdade de ir e vir, liberdade de expressão, tratamento igualitário a todos independentemente de classe social, cor, sexo ou religião...) apoiados nas instituições do direito moderno e do sistema jurídico que o aplica, evolui para a *cidadania social*, isto é, a conquista de significativos direitos sociais quanto às relações de trabalho, de segurança social, de saúde, de educação e de habitação.

Os direitos sociais, contudo, só se desenvolveram de modo pleno depois da Segunda Guerra Mundial. Contemporaneamente, com o neoliberalismo, a cidadania social, mesmo nos países mais desenvolvidos, entrou em declínio relativo. Claro que isso precisa ser muito bem contextualizado, pois, enquanto nesses países esse declínio significa a perda de alguns direitos tradicionalmente adquiridos, para os países mais pobres não se trata propriamente de perder direitos, mas sequer de chegar a conquistá-los.

A concessão de direitos sociais, nos países ricos, pelo Estado de Bem-Estar Social, significou a integração política da classe trabalhadora no Estado capitalista levando, contraditoriamente, ao aprofundamento do controle em detrimento da emancipação, produzindo maior legitimação do Estado capitalista. A comunidade ou a classe trabalhadora organizada por laços de solidariedade horizontais (companheirismo, vizinhança, identidade cultural ou religiosa) teve de se submeter às relações políticas verticais ou hierárquicas entre cidadão e Estado.

Com isso, agrava-se a tensão entre dois polos, o da subjetividade e o da cidadania, embora haja maiores possibilidades de desenvolvimento da subjetividade com o alargamento da cidadania. Em relação aos chamados países centrais, Boaventura Santos enfatiza que

> A segurança da vida quotidiana propiciada pelos direitos sociais tornou possível vivências de autonomia e de liberdade, de promoção educacional e de programação das trajectórias familiares, que até então tinham estado vedadas às classes trabalhadoras.[1]

Na argumentação desenvolvida a seguir, o autor relativiza um pouco essas possibilidades, pois, em contrapartida, au-

---
[1] SANTOS, Boaventura de Sousa, op. cit., p.245.

mentou o peso burocrático e a vigilância controladora sobre os indivíduos, sujeitando-os

> às rotinas da produção e do consumo; criou um espaço urbano desagregador e atomizante, destruidor das solidariedades das redes sociais de interconhecimento e de entreajuda; promoveu uma cultura midiática e uma indústria de tempos livres que transformou o lazer em um gozo programado, passivo e heterônomo, muito semelhante ao trabalho.[2]

Assim, a subjetividade foi se transformando em individualismo.

Nos países centrais, a partir do final dos anos 1960, o processo histórico de desenvolvimento da cidadania social começou a ser alterado, sendo que dois fenômenos foram responsáveis por essa transformação: a crise *do Estado-Providência*, ou *de Bem-Estar Social*, e o movimento estudantil de 1968.

Politicamente falando, esse regime foi traduzido na *social--democracia*, produzindo as transformações socializantes do capitalismo, nos países centrais: Europa, Estados Unidos e Canadá, basicamente. O resultado foi a integração social e política do operariado no capitalismo, enfraquecendo os movimentos operários de contestação ao sistema político.

A crise foi econômico-política. De outro lado, teve também uma dimensão político-cultural – a revolta da subjetividade contra a cidadania, da subjetividade pessoal e solidária contra a cidadania atomizante e estatizante. O Estado do Bem-Estar Social transformou a solidariedade social em uma prestação de serviços burocrática. Foi justamente com a bandeira contra os *ganhos em cidadania* (garantia das condições necessárias à reprodução social) que se converteram em *perda de subjetividade* que o movimento estudantil europeu se levantou em 1968. O argumento era o de que *não*

---
2 SANTOS, Boaventura de Sousa, op. cit., p.245.

se criou autonomia e liberdade, mas sim dependência, em relação ao Estado-Providência burocrático e às rotinas do consumo. O movimento feminista também auxiliou nessa conscientização, salientando a dimensão produtiva da reprodução social pelo trabalho doméstico.

Para Boaventura Santos, o movimento estudantil dos anos 1960 foi o grande articulador da crise político-cultural do fordismo. Em primeiro lugar, porque opôs ao produtivismo e ao consumismo outra ideologia antiprodutivista e pós-materialista. Em segundo, porque enfatizou a luta por maior participação política, identificando as múltiplas opressões do cotidiano, tanto no nível da produção (trabalho alienado) como no da reprodução social (família burguesa, autoritarismo na educação, monotonia do lazer, dependência burocrática). Em terceiro, porque nesse processo é que foram surgindo os chamados *novos sujeitos sociais*, no lugar da hegemonia da classe operária nas lutas pela emancipação social.

O triunfo ideológico da subjetividade sobre a cidadania colaborou para instituir nos países centrais e também em outros, periféricos ou semiperiféricos, uma nova cultura política, sem a qual não se pode entender os movimentos sociais das décadas posteriores.

Consideramos, diferentemente de alguns autores, que a emancipação conquistada pela vitória da subjetividade é política, mas também pessoal, social e cultural. Luta-se pela *democracia participativa,* diferentemente dos velhos movimentos que lutavam pela cidadania, na *democracia representativa*. Os protagonistas não são as classes sociais, mas grupos sociais, ora maiores, ora menores, com interesses coletivos e algumas vezes muito localizados.

As formas de exclusão e de opressão contra as quais lutam não podem ser abolidas apenas com a concessão de direitos, pois suas exigências não se limitam aos direitos abstratos e universais. Podem lutar pela abertura de uma creche, ou escola, pela construção de uma ponte, pelo fechamento de uma usina nuclear... São movimentos que ocorrem na dimensão da sociedade civil. As relações com o poder público podem ocorrer ou não. Mas não são mais de subalternidade, podem se manter distantes ou se aproximar deste ou daquele governo, em busca de apoio para suas reivindicações, o que não ocorre em relação aos partidos políticos e aos sindicatos tradicionais.

• A impureza dos movimentos sociais

Na América Latina os movimentos sociais não são puros ou claramente definidos, dada a complexidade de situações. Assim movimentos *velhos*, como os relacionados às condições de reprodução da força de trabalho, ou seja, de satisfação das necessidades básicas, podem trazer reivindicações *novas*, como as relacionadas ao feminismo, ecologia ou etnia. Isto é, movimentos *pós-materialistas e culturais* convivem com os relacionados à sobrevivência imediata, em uma espécie de entrelaçamento de orientações: classistas, políticas, culturalistas e da vida cotidiana, por exemplo.

O importante a ressaltar é que, de fato, "não existe movimento social puro ou claramente definido". Talvez aí esteja a diferença entre os *novos* e os *velhos* movimentos sociais, segundo Boaventura Santos: a *impureza*. Por isso não podem ser explicados por uma teoria única.

Para o autor a novidade não reside na recusa à política, mas "no alargamento da política para além do marco liberal da distinção entre Estado e sociedade civil", mesmo porque a distinção entre Estado, mercado e sociedade civil é mais aparente que real, havendo uma interpenetração entre Estado e as relações sociais de produção.

Boaventura Santos parte do conceito de *comunidade*, que, para ele, pode fundar energias emancipatórias. As ideias das relações políticas horizontais entre os cidadãos e de participação e de solidariedade concretas, que ocorrem na comunidade, são as únicas possíveis de fundar uma nova cultura política baseada na autonomia e no autogoverno, na descentralização e na democracia participativa, no cooperativismo e na produção socialmente útil.

Para ele, a politização do social, do cultural e do pessoal abre imensas possibilidades para o exercício da cidadania e revela as limitações da chamada cidadania liberal ou da social circunscrita nos marcos do Estado. Sem deixar de lado a ideia de aprofundamento da cidadania social, civil e política – pois suas conquistas ainda são parciais (sobretudo em tempo de neoliberalismo) – é possível pensar em novas formas de cidadania coletiva que estimulem a autonomia, combatendo o burocratismo; que valorizem o interpessoal e o coletivo; que lutem contra as novas formas de exclusão social, baseadas em sexo, raça, perda de qualidade de vida, consumo, guerra e que aprofundam a exclusão baseada nas classes sociais.

Impasses dos movimentos populares urbanos

• Os limites para a atuação

Críticas têm sido feitas aos movimentos sociais relacionadas às dificuldades para que indiquem uma perspectiva utópica de transformação da sociedade. Isso ocorreria pela fragmentação de interesses, relacionada à heterogeneidade dos participantes. Por não se tratar de um movimento de classe e por envolver amplos setores da sociedade, não se conseguiria estabelecer interesses específicos entre os participantes, o que levaria ao enfraquecimento do movimento, pois determinados grupos poderiam contentar-se com a resolução parcial dos problemas, abandonando a luta antes que as demais bandeiras fossem atendidas.

Faz-se, ainda, outra crítica relacionada a uma noção corporativa de direitos; o que parece contraditório em relação à argumentação anterior, baseada na heterogeneidade dos participantes. Nesse caso, como poderiam defender interesses corporativos? O *corporativismo*, nesse caso, refere-se a interesses comuns manifestados por determinados grupos, por mais heterogêneos que possam ser. Exemplo disso é o movimento Viva Rebouças, na cidade de São Paulo, que se posicionou contra as intervenções urbanísticas na avenida de mesmo nome, realizadas na gestão da prefeita Marta Suplicy (2001-04), visando à melhoria no tráfego de ônibus. O movimento foi motivado por interesses muito específicos, de comerciantes da avenida que temiam a queda nas vendas, e de moradores de ruas adjacentes, por causa do transtorno provocado pelas obras. Mas será que é adequado o termo movimentos sociais para denominar essas atitudes contestatórias ou mobilizações? Essa denominação é discutível, por se tratar de ações com objetivos bastante particulares, visando à manutenção de regalias ou de privilégios de grupos minoritários, em detrimento de interesses mais amplos. Talvez seja uma forma de *ativismo social,* mas, sem dúvida, não tem as características dos movimentos sociais populares que lutam contra injustiças seculares em relação aos segmentos sociais mais oprimidos e pobres.

Há, ainda, outro tipo de argumento contra os movimentos sociais relacionado à facilidade com que são atingidos pelas manipulações populistas do poder público. Em que pese se tratar realmente de uma possibilidade, há também a oportunidade de os participantes amadurecerem politicamente com o movimento e se tornarem mais críticos e refratários às investidas populistas.

Outra crítica refere-se ao *basismo* e atinge, sobretudo, os movimentos influenciados pela atuação das CEBs, ligadas à Igreja Católica e caracterizadas pela recusa às formas de representação política. Os movimentos sociais de caráter basista surgiram, principalmente, durante as décadas de 1970-80, sob o impacto do regime ditatorial. A luta pela autonomia inseria-se no contexto de negação do autoritarismo. Naquele período, em especial nos anos 1970, os movimentos sociais foram considerados portadores de novas formas de participação, identificadas em práticas e discursos que enfatizavam a ação e a participação coletiva; a "democracia de base"; a independência e a autonomia diante de instituições e partidos. Atrelar os movimentos às instituições nada democráticas daquele período, ou aceitar a intermediação, ou mesmo o apoio do poder público seria não só compactuar com o regime, mas aceitar ser manipulado por interesses estranhos ao movimento.

Sobretudo a partir da década de 1990, os movimentos sociais têm refletido criticamente a respeito desse posicionamento autonomista e têm avançado a fim de aprender a trabalhar com o poder público, mantendo o distanciamento necessário para não perder a autonomia conquistada com as experiências do passado. Contemporaneamente, procura-se relativizar o conceito de autonomia, no sentido de, ao avançar nas conquistas, saber distinguir o limite entre "compactuar" e "atuar conjuntamente de forma crítica".

A possibilidade de *instrumentalização* das instituições não é contraditória, contudo, à conduta basista de certos movimentos sociais. Isso pode ser mais bem entendido se lembrarmos a tradição autoritária da sociedade brasileira, corporificada no Estado e nas instituições, que de forma geral atravessam a sociedade. Por isso, é difícil a construção de um espaço político como espaço público que não se dissolva e seja absorvido pelo Estado, tal como tem acontecido na história brasileira. Mas outras referências têm aberto novas possibilidades para se pensar esses dilemas.

Há, ainda, uma visão empobrecida ou redutora dos movimentos sociais considerando-os localistas, isto é, restritos aos bairros no qual surgiram, onde as "contradições específicas" ou as "condições objetivas" determinariam a natureza desses movimentos. Negam que as práticas diferenciadas, baseadas nas experiências individuais, devam ser consideradas. Sem dúvida, as condições objetivas são importantes, e sem estas podemos ficar soltos, no vazio; mas aquelas são referenciadas às experiências individuais, isto é: as condições objetivas não existem fora dos acontecimentos vivenciados cujos significados subjetivos transcendem a natureza objetiva das determinações ou das contradições.

No *lugar* ocorre uma convergência de interesses comuns, com a interação de experiências vividas em outros lugares, por meio de ações dotadas de sentido político, construindo uma representação da sociedade e da política, na qual os participantes aparecem como sujeitos na luta por seus direitos. Os valores compartilhados no campo da experiência são os de recusa à situação vivida no presente. Isso pode ser traduzido nos mais variados discursos, como a conquista de uma vida mais digna; a construção de uma nova sociedade; ou de um novo tipo de partido; ou de um novo tipo de sindicalismo; ou, ainda, de um poder popular; ou, simplesmente, a conquista da democracia.

De forma semelhante, critica-se a possibilidade de isolamento dentro da comunidade. Alguns teóricos entendem o conceito de comunidade de forma muito negativa, relacionando-o ao provincianismo ou ao paroquialismo, ou ainda à defesa de interesses muito particularizados. Os movimentos permaneceriam imersos no localismo de práticas que se esgotariam na rotina de pressão sobre os órgãos públicos para o atendimento de reivindicações específicas. Isto é, a partir do momento em que as reivindicações fossem atendidas ou se esgotassem as possibilidades de pressão, o movimento tenderia a definhar. Embora isso seja possível, a prática dos movimentos sociais tem mostrado que há uma espécie de retroalimentação (ou influência) de um movimento pelo outro. Isto é, mesmo que um grupo deixe de participar, algum tempo depois, semelhante tipo de demanda cria novas possibilidades de pressão e o grupo que vem a seguir, a partir da experiência do anterior, mesmo que receba essa influência de forma indireta, tem a possibilidade de avançar mais.

Os movimentos sociais no Brasil, durante a década de 1970, contribuíram para a socialização da política, com a exigência e o reconhecimento de direitos, construindo-se as referências de uma identidade que, ao articular experiências diversas, foi elaborada por oposição ao Estado e à realidade instituída.

Tal ideia de sociedade contra o Estado, isto é, liberdade de um lado e opressão de outro, que perpassa os movimentos sociais dos anos 1970, foi muito criticada. Mas é necessário reforçar a questão política subjacente, pela qual

> a violência e a exclusão política apareciam como fatos determinantes, de tal modo que frente ao Estado, visto como polo opressor comum, a sociedade aparecia como alternativa política, como o lugar no qual o desejo de liberdade poderia alimentar-se e traduzir-se numa ação possível.[3]

A partir da década de 1980, início do processo de abertura política, e na de 1990, com a democracia reconquistada no país, a ideia de autonomia da sociedade diante do Estado não se sustenta mais teorica e se dilui politicamente, dando-se maior importância à atuação político-institucional.

Outra crítica feita aos chamados *novos* movimentos sociais refere-se à concepção de se privilegiar a subjetividade em detrimento da cidadania. Muitos entendem que, na ver-

---

3 TELLES, Vera da Silva, op. cit., p. 280.

dade, movimentos desse tipo são *velhos*. Reproduzem lutas encetadas no século XIX (movimentos pacifistas, ecológicos, feministas e antirraciais). Outra crítica apresentada é a de que têm modos de organização que não descartam as práticas relacionadas à cidadania. As reivindicações acabam sempre sendo feitas ao Estado, portanto dentro do quadro da democracia representativa.

A "crise" dos movimentos sociais no Brasil e a afirmação das ONGs

Muitos críticos citam a redemocratização política dos anos 1980 no Brasil para explicar a *crise dos movimentos sociais*, com a perda do adversário comum. Outros aspectos são também mencionados, como o recuo da Igreja Católica em relação à orientação e à atuação nos movimentos sociais; o surgimento das ONGs, que passaram a dedicar-se a ações mais viáveis em termos de políticas públicas; a política institucional revalorizada pela intelectualidade; os compromissos com o sistema partidário e com a reforma do Estado assumidos por segmentos de esquerda. Em termos analíticos, os *pobres* ou o *povo*, presentes nos discursos dos movimentos da década de 1970, deram lugar à *sociedade civil*.

Com isso, a partir da década de 1990, foi fundada a *Central de Movimentos Populares* para incorporar todos os movimentos populares: urbanos, de mulheres, de meninos de rua, de negros, de deficientes físicos etc. Estava se abrindo espaço para uma maior atuação das ONGs, tanto as de cunho ecumênico como as mais secularizadas, de acordo com as novas modalidades de "administração popular-democrática". Esse fato era indicativo da erosão que atingia o campo popular.

A mudança do perfil das ONGs não é circunstancial. Se nos anos 70/80, as palavras-chave eram 'educação popular' e 'direitos humanos', nos anos 90 passaram a girar em torno da ecologia, da democratização, das diferenças inerentes à sociedade civil, da diversidade cultural e, enfim dos direitos de cidadania.[4]

As ONGs, grandes ou pequenas, demonstram a mesma tendência: a de um espaço autônomo de atuação em relação à lógica de empresas, partidos, igrejas, deixando de simplesmente assessorar e apoiar os "grupos de base". Contribuem para o fortalecimento da sociedade civil, para que possa influir nas políticas públicas, ampliando-se os espaços de participação da sociedade.

As intervenções tornaram-se mais bem qualificadas e mais especializadas, com estratégias, critérios e procedimentos administrativo-financeiros mais claros. Um exemplo clássico dos anos 1990 foi a *Campanha Contra a Fome e pela Vida,* de Betinho,[5] que trabalhou a conscientização da população brasileira, conseguindo uma grande mobilização e solidariedade, além de ter politizado a questão da fome.

As ONGs são organizações "privadas, porém públicas", compondo uma espécie de "terceiro setor" entre o Estado e a sociedade civil, visando à produção de bens e serviços públicos. São instrumentos para a organização da sociedade em um mundo altamente fragmentado pela globalização perversa. Por intermédio delas há a possibilidade de recuperação dos valores locais, territorializados, identitários e de alteridade, desenvolvendo-se laços de solidariedade, que se contrapõem à lógica racional-competitiva, organizada em torno dos grupos hegemônicos.

---

4 DOIMO, Ana Maria, op. cit., p. 209.
5 Herbert de Souza, o Betinho, sociólogo, fundador do Instituto Brasileiro de Análises Sociais e Econômicas (Ibase). Foi exilado político durante os anos duros da ditadura militar. De volta ao Brasil, na década de 1980, hemofílico, é infectado pelo vírus da AIDS durante uma das inúmeras transfusões de sangue que era obrigado a fazer. Morreu em 1997, deixando como legado o retumbante sucesso de sua Campanha Contra a Fome e Pela Vida.

Mas existem problemas, como o da autonomia. O Banco Mundial e a Fundação Ford, por exemplo, têm aumentado sua participação no financiamento de projetos. Em geral, a liberação de recursos vincula-se aos temas de interesse dessas agências – os "temas da moda". Durante a década de 1990, o preferido foi o do "desenvolvimento autossustentado", com exigências de maior racionalidade no uso dos recursos e "resultados concretos das ações".

Paulatinamente, porém, e sem muitos traumas, os movimentos populares foram se adaptando aos novos tempos, sobretudo o movimento popular urbano. As ambiguidades internas facilitaram a transição. As condutas de caráter mais negativo ou radical foram facilmente dissuadidas, realçando-se a linguagem dos direitos relacionados à cidadania. Mesmo movimentos como os dos sem-teto, que continuam praticando ações mais radicais – como as ocupações de prédios vazios – elaboram um discurso mais articulado com a ordem democrática, reivindicando direitos relacionados à justiça social e à cidadania.

A questão da cidadania é tratada no âmbito dos direitos humanos, isto é, relacionada à possibilidade democrática de acesso a bens e serviços e à participação social e política: trata-se da cidadania civil, política e social. Supõe uma sociedade civil forte e organizada, capaz de conquistar e instituir direitos, cabendo ao Estado o papel de consolidá-los sob a forma de tribunais de justiça, organismos de representação política e sistemas educacional, assistencial e previdenciário.

No Brasil o caminho a ser percorrido é difícil, pois nunca houve uma esfera pública suficientemente consolidada e, em vez de cidadania plena, tivemos uma burocracia forte e poderosa, um sistema representativo frágil, uma sociedade civil marcada pela desarticulação social e, por conseguinte, uma cidadania "regulada" ou "concedida".

Há, ainda, outros problemas: as demandas não estão muito sintonizadas com os *novos tempos*. A crescente perda, por parte do Estado, de sua capacidade provedora, impede-o de assumir as funções que os novos movimentos sociais exigem. Por isso, ocorrem pressões não só para a conquista de direitos, que determinados grupos socialmente excluídos jamais tiveram, mas também para a restituição de direitos historicamente consolidados.

• Dificuldades da última década

A transição democrática conservadora – considerada a *transição possível* – feita por um pacto com as elites, sob a influência do neoliberalismo como política econômica mundial, trouxe consequências sociais desastrosas, pela imposição de planos de ajuste estrutural que afetaram os mais amplos setores da sociedade. Houve aumento da pobreza, crescimento das desigualdades, desmantelamento dos serviços públicos, desemprego, falência de pequenas empresas, precariedade das condições de trabalho e aumento do setor informal.

Sob os efeitos dessa conjuntura, os movimentos sociais tradicionais que lutavam por moradia ou por equipamentos coletivos enfraqueceram-se. Os sindicatos recuaram para posições defensivas e reivindicações imediatistas. É nesse cenário que se fortaleceram os chamados novos movimentos sociais, relacionados aos direitos universais: movimento de gênero, de homossexuais, étnicos, etários, culturais. Posicionam-se, também, contra as políticas neoliberais: privatizações, precariedade no trabalho, salários.

Esse posicionamento levou os movimentos organizados a apoiarem o candidato do Partido dos Trabalhadores (PT) para a Presidência da República em 2002 e em sua reeleição em 2006. Em ambas as vezes, votaram majoritariamente nele, em que pese a tradicional desconfiança em relação aos partidos políticos por parte desses movimentos. A respeito do PT, parece estar ocorrendo no Brasil o mesmo que já aconteceu em outros países da América Latina, quanto à institucionalização política dos movimentos sociais:

> Alguns movimentos se institucionalizaram como partido político sob diversas formas, como os Sandinistas na Nicarágua, Lavalas no Haiti, o PT no Brasil, a Frente Farabundo Marti em El Salvador. Essas experiências raramente foram convincentes em relação a um verdadeiro projeto alternativo, provando que a articulação entre a esquerda social e a direita política não é uma operação fácil. A lógica eleitoral bem depressa impõe compromissos políticos que afastam os partidos ou seus candidatos de seus objetivos mais radicais. As mudanças de atitude do PT brasileiro durante a última campanha presidencial em relação à dívida do Terceiro Mundo ou à Alca é eloquente sobre o assunto.[6]

Atualmente, os movimentos sociais deparam com alguns caminhos: o primeiro tem a ver com o pragmatismo, isto é, contentar-se com vitórias temporárias e parciais. Outro é lutar por uma transformação radical da sociedade. E, ainda, há a possibilidade de articulação da esfera da política com a da sociedade civil, isto é, da democracia representativa com a democracia participativa, como um caminho para a construção de uma nova sociedade.

Democracia participativa: novas formas de gestão – conselhos populares e orçamento participativo

Com o amadurecimento dos movimentos populares desde os anos 1970, a busca por cidadania e a participação institucional foram sendo valorizadas, a partir dos *conselhos*

---
[6] CLACSO e CETRI. A América Latina. *Mundialização das Resistências:* O estado das lutas 2003. São Paulo: Cortez, 2003, p.165.

setoriais para auxiliar a implementação de políticas sociais ou o *orçamento participativo*, para a definição de políticas públicas mais gerais.

Essas possibilidades significam a conquista de *direitos sociais* **e civis** por meio de dispositivos de *participação democrática*, como ocorreu com a aprovação da lei de Reforma Urbana, proposta por ampla coalizão de mais de quarenta entidades populares, organizações profissionais e ONGs.

Ainda em relação aos *direitos sociais*, pode-se enfatizar a abertura de canais para maior democracia na gestão municipal e a criação de um fundo nacional de habitação de interesse social (FNHIS). Na área de saúde, os movimentos populares contribuíram para a criação do Sistema Único de Saúde (SUS), cujo objetivo é a descentralização dos serviços e a participação da comunidade por intermédio de um sistema de "conselhos". Isso também aconteceu em outros setores, com a criação de diversos conselhos gestores ou de representantes, para os recursos hídricos, na área da saúde, do idoso, da criança e do adolescente, como o Conselho Tutelar. Nos municípios, os conselhos têm mais visibilidade, as possibilidades de participação e envolvimento da população são maiores porque estão ao alcance dos moradores, quer discutindo o programa de orçamento participativo, ou do plano diretor, ou as questões de segurança, de defesa dos cidadãos. O objetivo é, com esses conselhos, aprofundar o processo de participação da sociedade civil na discussão dos caminhos para a administração pública.

No Conselho das Cidades em seus diversos níveis (municipal, estadual e federal) participam os representantes dos movimentos populares organizados e demais segmentos da sociedade civil, entre eles representantes do poder público, dos trabalhadores, dos empresários, das entidades profissionais, acadêmicas e de pesquisa e das organizações não governamentais.

Diversas alternativas para a participação popular têm ocorrido no âmbito do poder local. Talvez a mais popular seja a experiência do "orçamento participativo", baseada nos seguintes princípios: maior eficácia da máquina administrativa pela proximidade com o cidadão; transparência das informações; debates entre interesses e projetos diferenciados; escolha de prioridades mediante participação direta e semidireta; corresponsabilidade entre governo e sociedade na definição e na partilha das decisões de poder e cooperação na execução e na fiscalização da implementação de tais decisões. O orçamento participativo envolve uma atuação cidadã que atravessa a estrutura de classes e de poder, inserindo no processo decisório grupos de interesses e redes horizontalizadas de solidariedade. Mas para que essa experiência não seja inócua ou contaminada pelos vícios e limitações da política tradicional, deve observar as regras de convivência entre a participação direta e a representação parlamentar e adotar critérios para classificar os interesses segundo uma escala de prioridades, a fim de que o exercício de retórica ou a força política não contemplem interesses corporativos ou clientelistas.

Quanto aos *direitos civis,* que nesse caso se confundem com os *sociais*, a atuação do Movimento Nacional de Meninos e Meninas de Rua (MNMMR) é digna de destaque. Encontros foram realizados com meninos de rua de todo o país para discutir suas necessidades e expectativas e amadurecer o conhecimento sobre essa cruel realidade. Finalmente, foi aprovado em 1990 o Estatuto da Criança e do Adolescente, codificando o direito dos menores e definindo as responsabilidades dos adultos e do Estado. O movimento foi, ainda, fundamental para a elaboração de políticas públicas voltadas à melhoria das condições de vida de crianças e adolescentes, como também para definir os instrumentos legais para coibir o trabalho infantil, os maus-tratos infligidos aos menores, o preconceito e a discriminação relacionados à cor da pele, à cultura ou à situação econômica.

No entanto, é necessário que se frise as dificuldades para a implementação de políticas que realmente atinjam os interessados, revertendo a situação de carência. A prática de gestão pública por meio de assessorias, conselhos técnicos, científicos, populares etc., encontra diversos obstáculos. O primeiro é político, relacionado às possibilidades de conciliar interesses contraditórios: as negociações são sempre muito complexas e esbarram nos interesses e compromissos da administração pública, que nem sempre são os mesmos dos interessados. O segundo, que não deixa de ter seu lado político também, é o orçamentário. O resultado final sempre dependerá da correlação de forças políticas, isto é, da força que cada grupo de interesses tem de influenciar direta ou indiretamente as políticas públicas. Portanto, somente a partir de maior envolvimento da sociedade civil poderá ser revertida essa situação de perversidade.

Alternativas para a democracia renovada

Na falta de um termo melhor para denominar a sociedade que está por vir, isto é, a ser construída partindo das *utopias* do presente, alguns autores usam a expressão "pós-capitalismo". Não se trata de uma sociedade capitalista, já que a lógica do capitalismo está sendo questionada, isto é, a de uma economia centrada em si mesma ou em uma atividade capaz de gerar o máximo de lucro. A nova perspectiva é a de uma sociedade fundada em valores não materialistas, que seja mais igualitária em uma democracia renovada. Nem se trata, também, de uma sociedade socialista ou comunista, pelo menos não como aquelas do passado recente nos países de "socialismo real".

No pós-capitalismo, a economia permitiria assegurar as bases materiais do bem-estar físico e cultural para o conjunto dos seres humanos. O mercado seria apenas uma relação social. Entre os adeptos desse chamado pós-capitalismo há divergências muito grandes. Por exemplo, alguns pertencem a uma esquerda revolucionária que objetiva a tomada do poder para transformações rápidas e radicais; outros pregam o retorno às soluções soviéticas. A maioria, no entanto, admite a ideia de que a transição para um modelo alternativo de economia é um processo de longo fôlego. Esse grupo reúne desde pensadores marxistas de diversas tendências até intelectuais de esquerda de diferentes origens.

Trata-se, sem dúvida, de uma visão utópica, que não é sinônimo de algo irrealizável, de uma ilusão, mas de um projeto mobilizador, enraizado no real. O projeto, a longo prazo, é relacionar fortemente a economia à sociedade. Polanyi utiliza esse enfoque em uma análise muito esclarecedora da sociedade capitalista. Argumenta que o capitalismo "desencrava" a economia da sociedade, liberando-a para a acumulação e a concentração de capitais, absolutizando-a, como se estivesse acima e liberada dos outros aspectos da vida em sociedade, funcionando de forma tecnocrática, como um fim em si mesma. Por isso esse autor conclui pela superioridade moral do socialismo sobre o capitalismo.

A reação ética em relação aos abusos do capitalismo identifica os mesmos agentes econômicos atuando no chamado "capitalismo civilizado" e no "capitalismo selvagem", ao Sul e ao Leste da Europa, como na América Latina.

É por isso que esses autores usam a expressão "outra mundialização", a das resistências e das lutas. Milton Santos fala da necessidade de "outra globalização", a dos pobres, dos grupos subjugados, para fazer frente à "globalização" do capital, dos grupos hegemônicos. Com a "globalização perversa" ocorre a fragmentação dos movimentos populares ou das organizações de defesa dos direitos diversos. A multiplicidade dos movimentos contemporâneos exige que se pense nas *convergências*, para superar a pulverização ou a atomização. Daí a necessidade da convergência de interesses e de ações, como a experiência do Fórum Social Mundial.

> O progresso tecnológico e as questões ecológicas também têm seu lugar na visão pós-capitalista. O primeiro não aparece como um fim em si, menos ainda como um meio de maximizar o lucro, mas como um meio de melhorar o destino dos seres humanos sobre o conjunto do planeta... Quanto aos fatores ecológicos, são objeto de uma atenção particular, ... o princípio da precaução exige que a utilização da natureza escape à lógica da mercadoria e se inscreva num quadro que hoje só pode ser mundial.[7]

Os Fóruns Mundiais indicam essa possibilidade desde 1999, com *o Outro Davos*, e depois Seatle, e a construção do Fórum Social Mundial em Porto Alegre. Em 2001, foram reunidas 20 mil pessoas e setecentas organizações. Em 2002, foram 60 mil pessoas e mais de mil organizações, de 130 países, surgindo a necessidade de fóruns continentais, regionais e nacionais. O primeiro foi o da África, em 2002. Depois houve outro latino-americano, em Quito, o europeu, em Florença, e o asiático, na Índia. No plano regional, ocorreram o fórum amazônico e o mediterrâneo. Todos em 2002. Nesse mesmo ano houve Fóruns Mundiais Temáticos: na Argentina e na Palestina e, em 2003, na Colômbia, cujo tema foi: Democracia, Direitos Humanos, Guerra e Narcotráfico, bem como o Fórum Mundial em Porto Alegre, reunindo cerca de 20 mil delegados. Em 2004 esse Fórum aconteceu na índia, em Mumbai, com cerca de 74 mil par-

---

[7] AMIN, Samir e HOUTART, François. *Os projetos e os níveis de alternativas*. HOUTART, François, p.383.

ticipantes, sendo 60 mil indianos. Contou com 1.653 organizações de 117 países. Em 2005 voltou para Porto Alegre, sede permanente do Fórum, contando com mais de 200 mil participantes. Em 2006 foi descentralizado, realizado em Bamako (Mali, África), em Caracas (Venezuela, América do Sul) e em Karachi (Paquistão, Ásia). Em 2007, realizou-se em Nairóbi, no Quênia (África) e, em 2008, não ocorreu o Fórum, mas um Dia de Mobilização e Ação Global, em 26 de janeiro.

De fato, todas essas possibilidades e mobilizações surgem das críticas que deslegitimam o *capitalismo real* em busca de alternativas. À medida que se acredita que não há alternativas temos a acomodação, ou seja, se nada adianta, por que fazer alguma coisa? A situação está definida previamente.

O que se propõe é a inversão da lógica capitalista, para estabelecer novas regras no funcionamento da economia: substituir a noção de lucro pela de necessidade e a de consumo como objetivo pela de consumo como meio; coletivizar a propriedade dos principais meios de produção; aprofundar a democracia; transformar o estado em um órgão técnico para não continuar como um instrumento de opressão.

> Temas para os movimentos sociais (não especificamente urbanos) que se colocam contemporaneamente:
> 1. lutar pela recuperação da soberania ante o poder transnacional para o restabelecimento, por exemplo, da segurança alimentar e a utilização dos recursos locais para o bem-estar das populações. Faz parte deste leque de lutas: ações contra as privatizações; a favor da regionalização das economias, contra a integração à economia norte-americana através do projeto de zona de livre comércio (ALCA).
> 2. lutar por novas formas de produção, mais democráticas e menos ligadas ao mercado capitalista.
> 3. lutar por uma democracia participativa, através de uma cidadania múltipla e ativa, propulsora de transformações

> sociais. Neste rol têm-se as experiências de gestão política das cidades.
> 4. lutas ecológicas e culturais; para a melhoria da qualidade de vida, pelo respeito ao meio ambiente, pela autonomia cultural.[8]

Boaventura Santos associa as novas formas de luta, ou os novos movimentos sociais, a um novo socialismo ou a um movimento *transclassista*. De um lado, os objetivos são definidos em função da humanidade em seu conjunto e, de outro, é a subjetividade que se afirma. Na América Latina isso assume também um caráter popular.

São essas as questões contemporâneas. Faz-se necessária uma reflexão sobre o capitalismo mundial, afinal a relação capital-trabalho ainda existe. Além disso, as economias locais têm-se submetido à mundialização capitalista que afeta grupos sociais cada vez mais numerosos. Cada vez mais setores são atingidos pela lógica do mercado, seguida pela pressão das privatizações e por numerosos mecanismos indiretos de drenagem da riqueza por grupos sociais privilegiados.

O regresso do princípio do mercado nos últimos trinta anos representa a revalidação social e política do ideário liberal. O capital aproveita e distorce algumas das reivindicações dos movimentos contestatórios dos últimos trinta anos.

> A aspiração de autonomia, criatividade e reflexividade é transmutada em privatismo, dessocialização e narcisismo, os quais, acoplados à vertigem produtivista, servem para integrar, como nunca, os indivíduos na compulsão consumista.[9]

Em síntese, os novos movimentos sociais são uma referência central para se pensar a subjetividade, a cidadania e

---
8 CLACSO e CETRI. A América Latina. AMIN, Samir e HOUTART, François, op. cit., p.169-70.
9 SANTOS, Boaventura de Sousa, op. cit., p.255.

a emancipação, partindo de uma *nova teoria da democracia* que permita reconstruir o conceito de *cidadania*, valorizando a *subjetividade,* para se atingir a *emancipação*. Isso será possível por uma redefinição e ampliação do campo do político, identificando relações diferentes de poder e ação para transformá-las em relações de autoridade partilhada, com a criação de estruturas de representação novas, baseadas em uma nova cultura política, em que a democracia representativa esteja mesclada com a participativa. Essas relações diferenciadas de poder ocorrerão no espaço doméstico, no espaço da produção, no espaço da cidadania e no espaço mundial.

A emancipação pressupõe a compreensão do mundo no qual ela se insere. O sistema mundial atual é um sistema industrial capitalista transnacional que integra tanto setores pré-industriais como setores pós-industriais. A emancipação tendo em vista o socialismo, como futuro, faz parte de um conjunto de lutas processuais, sem fim definido, em todos os espaços, na construção do *socialismo*, que, para Boaventura Santos, é *a democracia sem fim* (grifos nossos).

Glossário

Alteridade – Relaciona-se à possibilidade de se considerar a outra pessoa como uma referência, diferente "do eu", mas com a qual há uma identificação.

Apartheid – Sistema de segregação social, aplicado originalmente na África do Sul contra a população negra, impedida de circular nos espaços ou lugares destinados à população branca.

Bens e equipamentos de consumo coletivo – Relaciona-se aos serviços públicos de infraestrutura ou não (educação, saúde, esportes, lazer, eletricidade, rede de água e esgotos, saneamento etc.) e aos equipamentos públicos necessários ao funcionamento dos mesmos, como escolas, hospitais, postos de saúde, creches, clubes etc., que têm um uso público e coletivo, isto é, para serem usufruídos por toda a sociedade.

Campo de forças – Conceito elaborado por Gramsci. Relaciona-se aos partidos políticos e demais setores organizados da sociedade civil que estabelecem um *campo de forças políticas* disputando a hegemonia em uma determinada sociedade.

Cidadania – Resultado da integração social, a qual permite que o indivíduo torne-se cidadão. O conceito foi desenvolvido após as revoluções burguesas dos séculos XVII e XVIII, que deram origem ao Estado Moderno. O conceito burguês, portanto, refere-se à igualdade abstrata entre os cidadãos, que usufruem os direitos e cumprem os deveres definidos pelas leis e costumes.

Cidadania atomizante – Cidadania fragmentada. Relacionada à crítica feita à cidadania burguesa ou abstrata, que apenas garante alguns direitos e deveres universais (votar e ser votado, ir e vir, liberdade de expressão etc.) e não os considerados direitos sociais, garantido pela *cidadania social, renovada e participativa*.

Condições gerais para a produção – Referem-se à existência de força de trabalho e de equipamentos e serviços de infraestrutura básica necessários para o funcionamento das atividades econômicas: matéria-prima, vias de circulação, estrutura aeroportuária, redes de telecomunicação, redes de distribuição de energia elétrica, de água, saneamento básico etc.

Coerção – Ato de reprimir, induzir, pressionar ou obrigar alguém a fazer algo pela força, intimidação ou ameaça.

Cooptar – Atrair alguém para os seus objetivos.

Cultura midiática – *Media*, em latim, significa meio. A cultura midiática relaciona-se à indústria cultural e à cultura de massa. A divulgação é feita através dos meios de comunicação: internet, televisão, rádio, imprensa escrita etc., para difusão e ao mesmo tempo banalização da cultura.

Democracia participativa – Trata-se da organização do sistema político democrático baseado na possibilidade de participação política de amplos setores da sociedade civil para a discussão e a proposição de políticas públicas, bem como para gestão pública compartilhada.

Democracia representativa – Trata-se da organização do sistema político democrático baseado na eleição de representantes políticos, que atuarão em nome de seus eleitores, por eles representados.

Fordismo – Idealizado por Henry Ford, fundador da Ford, nos Estados Unidos. Revolucionou a indústria automobilística por propiciar a produção em massa, graças ao aumento da produtividade do trabalho. Isso ocorre pela divisão rígida e alienadora do trabalho, pois cada trabalhador executa sua parcela do trabalho, sem poder conhecer as partes executadas pelos demais.

Hegemonia – Na Geopolítica, refere-se à supremacia ou à preponderância de um lugar (cidade, país) sobre os demais ou de um povo ou agrupamento político, econômico ou social sobre os outros. Em Política, o conceito foi utilizado por Gramsci para indicar o tipo de dominação ideológica de uma classe social sobre outra.

Heteronomia – Conceito criado por Kant. Refere-se à sujeição do indivíduo a uma lei, à vontade de terceiros ou à de uma comunidade. É a aceitação do que está estabelecido e a impossibilidade de agir sobre as leis, normas e valores vigentes. É o oposto da autonomia, quando a coletividade ou o indivíduo discutem as leis ou o que está estabelecido.

Identidade – Um dos significados do termo refere-se ao aspecto coletivo de um conjunto de características pelas quais algo é definitivamente reconhecível ou reconhecido.

Ideologia – Em Filosofia, conjunto articulado de ideias, valores, opiniões, crenças etc., que expressam e reforçam as relações que conferem unidade a determinado grupo social. Em Política, sistema de ideias dogmaticamente organizado como um sistema de luta política. De acordo com o pensamento marxista, a ideologia é um instrumento de reprodução da sociedade, para que ela continue a mesma (reprodução do *status quo*). Trata-se de um conjunto de ideias elaborado pela sociedade burguesa para que os interesses da classe dominante sejam vistos como interesses da coletividade, construindo uma hegemonia de classe.

Mais-valia – A extração da mais-valia é a forma específica que assume a exploração do trabalho no capitalismo. Simplificadamente, o lucro do capitalista e o salário são produzidos pelo trabalho incorporado na mercadoria. A mais-valia é o valor produzido pelo trabalhador que é apropriado pelo capitalista, ou seja, é o valor do trabalho não pago ao trabalhador.

Práxis – É um termo grego derivado do verbo *prattein*, que significa agir. Em Marx, trata-se da prática ou do conjunto de práticas criativas, que permitem ao homem transformar a natureza por seu trabalho transformando-se a si mesmo, em uma relação dialética. Nesse sentido, o homem pode ser considerado um ser da práxis. No marxismo teoria e práxis são inseparáveis: os problemas que se colocam aos homens são de ordem prática e a teoria encontra sua explicação na práxis humana.

Peleguismo – Procedimento ou atitude do pelego. Pelego, pessoas (agentes) ligadas ao Ministério do Trabalho ou aos patrões infiltradas nos sindicatos operários.

Política fundiária – Política que regula a forma de distribuição da propriedade da terra, rural ou urbana. A política fundiária de um país deve disciplinar a posse da terra e seu uso adequado, visando e promovendo o acesso à terra de acordo com o critério de função social da propriedade.

Produção monopolista – Refere-se à forma de organização de mercado, nas economias capitalistas, em que uma empresa domina a oferta de determinado produto que não tem substituto. Quando um pequeno grupo de empresas detém a oferta de produtos e serviços, temos o oligopólio.

Reformista – Historicamente corresponde aos socialistas que pretenderam alcançar o poder mediante reformas sucessivas e graduais, repudiando a violência como forma de ação política. Os movimentos sociais reformistas são aqueles que se limitam a reivindicar ou a lutar por reformas pontuais, não relacionando os problemas específicos às questões mais gerais ou estruturais. A partir do momento em que essas reivindicações são atendidas o movimento tende ao esvaziamento.

Subjetividade — Refere-se ao conjunto de condições que caracterizam uma pessoa partindo das relações do indivíduo com o mundo exterior, ou com a coletividade. A subjetividade é delimitada pela realidade psíquica, emocional e cognitiva do ser humano, manifestando-se no âmbito individual e coletivo e comprometida com a apropriação intelectual dos objetos externos.

Superestrutura – refere-se ao campo intelectual, moral, jurídico, estético, político, filosófico etc., de determinada sociedade.

Tecnocrático – Relativo à tecnocracia e ao tecnocrata. Tecnocracia é o sistema de organização política e social baseado na predominância dos técnicos. Tecnocrata é o partidário da tecnocracia. Político, administrador ou funcionário que procura soluções meramente técnicas e/ou racionais, desprezando os aspectos humanos e/ou sociais dos problemas.

Utopia – Nome dado por Thomas Morus ao país imaginário que ele descreve em sua obra e em que ele coloca um povo perfeitamente sábio, poderoso e feliz, graças às instituições ideais ali existentes. Por analogia o termo é empregado para designar qualquer lugar ou situações ideais, onde vigoram normas e/ou instituições políticas altamente aperfeiçoadas. Pejorativamente é utilizado para designar algo irrealizável.

No texto, é empregado na perspectiva de construção de uma outra sociedade possível, mais justa, igualitária e emancipadora.

Valor de uso e **Valor de troca** – Como a mercadoria é um produto vendido ou trocado no mercado, tem intrinsecamente os dois valores. O seu *valor de uso* é determinado por sua utilidade para o usuário, que, por sua vez, é o que permite que ela seja objeto de uma troca no mercado e tenha, portanto, o *valor de troca*. Segundo Adam Smith, o valor de troca é a faculdade que a posse de determinado objeto oferece de comprar com ele outras mercadorias. Para Marx, o valor de troca é determinado pela quantidade de trabalho contida na força de trabalho, ou seja, pelo trabalho socialmente necessário para produzir os meios de subsistência, em determinado momento histórico.

Sugestões de leitura

AMIN, Samir e HOUTART, François. (Orgs.). *Mundialização das Resistências*: o estado das lutas 2003. São Paulo: Cortez, 2003.

BOBBIO, Norberto. "Existe uma doutrina marxista do Estado?". *O marxismo e o Estado*. Rio de Janeiro: Graal, 1979.

BOTTOMORE, Tom. *Dicionário do pensamento marxista*. Rio de Janeiro: Zahar, 2001.

CARDOSO, Ruth C. L. Movimentos Sociais: balanço crítico. SORJ, Bernardo e ALMEIDA, Maria Hermínia T. (Orgs.). *Sociedade e política no Brasil pós-64*. São Paulo: Brasiliense, 1983.

CARVALHO, André Luiz de. *Propriedade Privada e Apropriação do Espaço*: O conflito na Metrópole. Mestrado. FFLCH, Depto. de Geografia. 2003.

CLACSO e CETRI. A América Latina. *Mundialização das resistências*: o estado das lutas 2003. AMIN, Samir e HOUTART, François. (Orgs.). São Paulo: Cortez, 2003.

CNBB. "*Solo urbano e Ação Pastoral*". Itaici, 1982.

DALLARI, Dalmo. *Elementos de teoria geral do Estado*. São Paulo: Saraiva, 1979.

DOIMO, Ana Maria. *A vez e a voz do popular*: movimentos sociais e participação política no Brasil pós-70. Rio de Janeiro: Relume--Dumará: Anpocs,1995.

DUROZOI, Gerard e ROUSSEL, André. *Dicionário de filosofia*. Campinas: Papirus, 1996.

ENGELS, F. *A origem da família da propriedade privada e do Estado*. São Paulo: Civilização Brasileira, 1975.

FERREIRA, Aurélio B. de Hollanda. *Novo Aurélio século XXI*. Rio de Janeiro: Nova Fronteira, 1999.

FOUCAULT, Michel. *Vigiar e punir*. Petrópolis: Vozes, 1984.

GRAMSCI, Antonio. *Notas sobre Maquiavelo, sobre la Politica y sobre el Estado Moderno*. Buenos Aires: Ed. Nueva, 1972.

GUATARI, Felix. *Revolução molecular*. São Paulo: Brasiliense, 1985.

_____. Espaço e poder: a criação de territórios na cidade. In: *Espaço & Debates*, n.15, São Paulo, 1985.

GOHN, Maria da Glória. *Movimentos sociais e luta pela moradia*. São Paulo: Loyola, 1991.

HELLER, Agnes. *O cotidiano e a História*. Rio de Janeiro: Paz e Terra, 1989.

HOBSBAWM, Eric. *Rebeldes primitivos*. Rio de Janeiro: Zahar. 1970.

IANNI, Octávio. *O ABC da classe operária*. São Paulo: Hucitec, 1980.

KOWARICK. Lúcio. *Escritos urbanos*. São Paulo: 34, 2000.

LACLAU, Ernesto. Os novos movimentos sociais e a pluralidade do social. *Revista Brasileira de Ciências Sociais*, v.1, n.2, out, 1986.

LALANDE, André. *Vocabulário técnico e crítico de filosofia*. São Paulo: Martins Fontes, 1996.

LEFBVRE, Henri. *O direito à cidade*. São Paulo: Centauro, 2001.

LIPIETZ, Alain. *O capital e seu espaço*. São Paulo: Nobel, 1988.

LOJKINE, Jean. *O estado capitalista e a questão urbana*. São Paulo: Martins Fontes, 1981.

MACEDO, C. C. *A reprodução da desigualdade*. São Paulo: Hucitec, 1979.

MACCIOCHI, M. *A favor de Gramsci*. Rio de Janeiro: Paz e Terra, 1977.

MARX, K. *El Capital* – Critica de la Economia Política, tomo I, México: Fondo de Cultura Económica, 1973.

MOISÉS, J. A. *Cidadania e participação*: ensaio sobre o plebiscito, o referendo e a iniciativa popular na nova constituição. São Paulo: Marco Zero: CEDEC, 1990.

OLIVEIRA, Francisco. *A economia da dependência imperfeita*. Rio de Janeiro: Graal, 1977.

_____. A economia brasileira: Crítica à razão dualista. *Estudos Cebrap*, n.12. São Paulo: Cebrap, 1979.

_____. *Os protagonistas do drama*: estado e sociedade civil.

LARANJEIRA, Sônia (Org.). *Classes e movimentos sociais na América Latina*. São Paulo: Hucitec, 1990.

OFFE, Claus. *Capitalismo desorganizado*. São Paulo: Brasiliense, 1989.

POTYARA, A. P. Pereira. Estado, Regulação Social e Controle Democrático. *Política social e democracia*. BRAVO, Maria Inês S., POTYARA, A. P. Pereira. (Orgs.). São Paulo: Cortez; Rio de Janeiro: UFRJ. 2002.

RIBEIRO, Luiz César Queirós et al. *Produção imobiliária e uso do solo*: estudo das relações entre capital e propriedade fundiária na estruturação da cidade do Rio de Janeiro. IPPUR/UFRJ. 1987.

RODRIGUES, Arlete M. *Na procura do lugar, o encontro da identidade*. Tese de doutoramento, FFLCH/USP, DG, 1990.

SADER, Eder. *Quando novos personagens entram em cena*: experiências, falas e lutas dos trabalhadores da Grande São Paulo, 1970-80. Rio de Janeiro: Paz e Terra. 1988.

SANDRONI, Paulo. *Novíssimo dicionário de economia*. São Paulo: Best Seller. 2003.

SANTOS, Boaventura de Sousa. *Pela mão de Alice*: o social e o político na pós-modernidade. São Paulo: Cortez, 1999.

SANTOS, Carlos N. F. *Movimentos sociais no Rio de Janeiro*. Rio de Janeiro: Zahar, 1981.

SANTOS, Milton. *O espaço do cidadão*. São Paulo: Nobel, 1987.

_____. Do espaço sem nação ao espaço transnacionalizado. *Brasil 1990: caminhos alternativos do desenvolvimento*. RATTNER, H. (Org.). São Paulo: Brasiliense, 1979.

_____. *A natureza do espaço*: Técnica e tempo; razão e emoção. São Paulo: Hucitec, 1996.

SANTOS, Regina Bega dos. *Osasco*: Migrações, Condições de Vida e Apropriação do Espaço. Dissertação de mestrado, FFLCH, USP. 1983.

_____. *Rochdale e Alphaville*: formas diferenciada de apropriação e ocupação da terra na metrópole paulistana. Tese de doutorado, USP. 1994.

_____. Poder Público, sociedade civil e planejamento urbano. As interações possíveis e impossíveis na definição das tendências de estruturação do espaço das metrópoles. *Revista Eletrônica de Administração Pública*, n.1. Araraquara. UNESP, 2007.

SINGER, P. *A economia política do trabalho*. São Paulo: Hucitec. 1977.

_____. Força de trabalho e emprego no Brasil – 1920-1969. *Cadernos Cebrap*, n.3, Cebrap, 1971.

TELLES, Vera da Silva. Anos 70: experiências, práticas e espaços políticos. *As lutas sociais e a cidade*. KOWARICK, Lúcio. (Coord.). Rio de Janeiro: Paz e Terra, 1988.

TOURAINE, Alain. *Palavra e sangue*. São Paulo: Trajetória Cultura, Unicamp, 1989.

THOMPSON, E. P. *Tradición, revuelta y consciência de clase*. Barcelona: Grijalbo, 1979.

_____. *A miséria da teoria*. Rio de Janeiro: Zahar, 1981.

Questões para reflexão e debate

1. Faça um quadro sinóptico a respeito das diferentes abordagens e enfoques para a interpretação dos Movimentos Sociais Urbanos, identificando as principais características de cada um.

2. Justifique por que os movimentos sociais concretos são híbridos.

3. O que é "a socialização da política"? Explique como os movimentos sociais contribuíram para que isso ocorresse.

4. a) Quais os problemas provenientes da separação analítica entre Estado e sociedade civil?
   b) Por que não é correto considerar Estado e governo como sinônimos?
   c) Estabeleça as diferenças entre sociedade civil e sociedade política.

5. É possível relacionar as atividades das ONGs com a concepção popular de sociedade civil? Justifique sua resposta.

6. Qual a importância do conceito *função social da propriedade urbana* para os movimentos sociais urbanos?

7. O que são os "novos movimentos urbanos? Por que, em países como o Brasil, eles não podem ser isolados dos "velhos movimentos"?

8. Qual é a importância do cotidiano para os movimentos sociais?

9. O que são os "quebra-quebras"? Podem ser chamados de ações irresponsáveis ou inconsequentes? Por quê?

10. Uma das causas, em geral, invocada para o problema de moradia é o chamado "déficit habitacional". Porém são causas estruturais que podem explicá-lo. Desenvolva essas ideias e procure no texto justificativas.

11. Explique, com base nos argumentos adotados pela autora, as possibilidades de construção de uma cidadania renovada, contemporaneamente.

SOBRE O LIVRO

Formato: 12 x 21 cm
Mancha: 21,3 x 39 paicas
Tipologia: Fairfield LH Light 10,7/13,9
Papel: Offset 75 g/m² (miolo)
Cartão Supremo 250 g/m² (capa)

1ª edição: 2008

EQUIPE DE REALIZAÇÃO

Edição de Texto
Regina Machado e Antonio Alves (Preparação de Texto)
Isabel Baeta e Bruna Baldini de Miranda (Revisão)
Kalima Editores (Atualização ortográfica)

Editoração Eletrônica
Eduardo Seiji Seki (Diagramação)

Impressão e acabamento

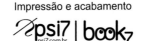